Mi problema

Paqui M²

Mi problema

Paqui M²

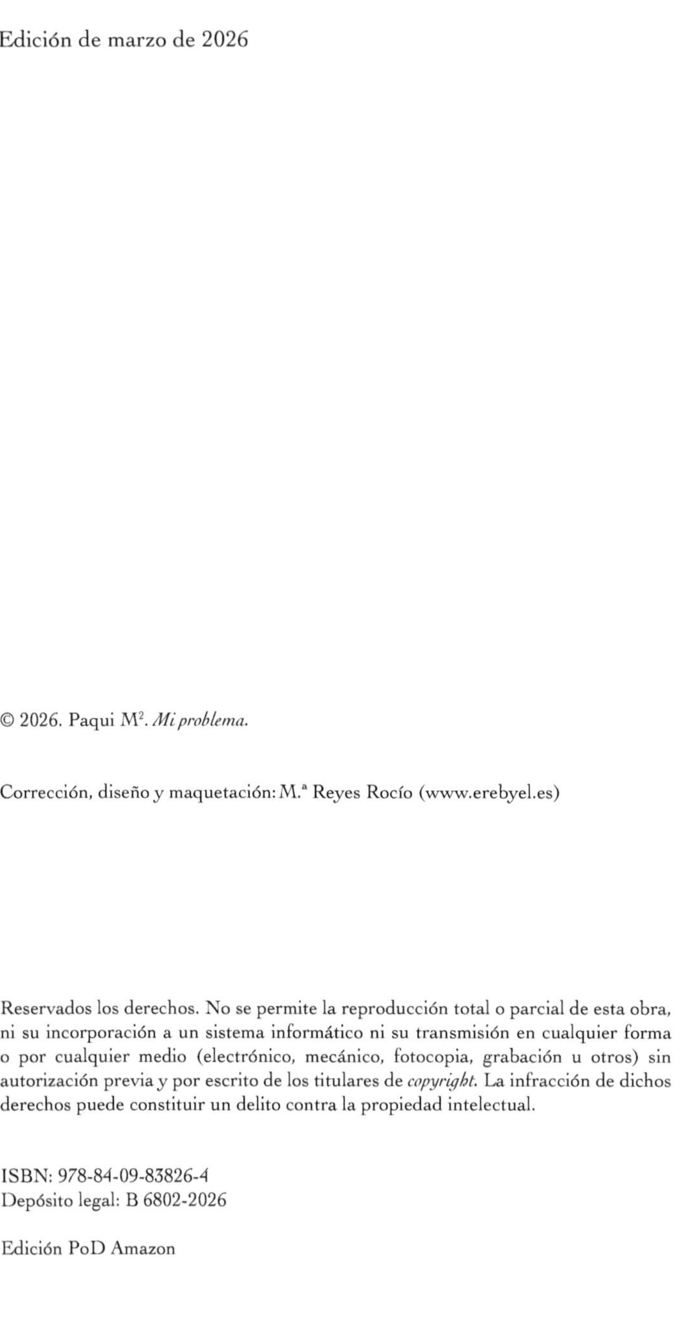

Edición de marzo de 2026

Corrección, diseño y maquetación: M.ª Reyes Rocío (www.erebyel.es)

ISBN: 978-84-09-83826-4
Depósito legal: B 6802-2026

Edición PoD Amazon

A mi hermana Loli,
por ser un ejemplo y un pilar imprescindible.
Duele cada vez más tu ausencia,
pero a mí me encanta recordarte.
Saber que estás ahí de alguna manera
es el mejor momento del día.
No veo la hora de volvernos a conocer
y tener de nuevo tú abrazo profundo y sanador en mi vida.

«Confieso»
Soy yo.
Kany García, 2018.

Índice

Para esta novela he creado una lista de reproducción que acompaña esta historia:

https://bit.ly/MiProblema-PM

Miedo

Cuando peor lo paso es por la noche, cuando me acuesto. En ese espacio de tiempo, antes de dormir, mis peores temores vienen a visitarme, consiguen que no pueda reposar tranquila. A veces es peor, los malos pensamientos se meten en mis sueños y, dormida ya, se repiten en bucle, no me dejan descansar y me levanto a la mañana siguiente agotada y con resaca, como si me hubiese tomado cinco copas de *whisky* en la cena.

Dormir sola tampoco ayuda mucho a desvanecer mis miedos. Miedo. Eso es realmente lo que siento. Estoy muerta de miedo, y ni siquiera tengo un hombro en el que apoyarme. No tengo nadie que me anime y me diga, de corazón, que todo saldrá bien; alguien a quien confesarle que no puedo dormir porque tengo miedo de mil cosas; principalmente, a morir.

En ocasiones me arrepiento del divorcio. La idea es una estupidez, la descarto en el mismo momento en que la pienso. Separarnos ha sido lo mejor para los dos. Vivir con David era como estar igual o peor que ahora, no éramos pareja desde hacía mucho tiempo y el sexo era inexistente; solo dormíamos juntos, como compañeros de piso. Además, casi nunca estaba en casa. No hay nada peor para la soledad que un marido adicto al trabajo. No sé, era diferente. No me sentía tan sola al saber que había alguien. No nos aportábamos mucho; supongo que de alguna manera nos hacíamos compañía, aunque no hubiera caricias.

Estos pensamientos me abordan cada noche, al acabar el día.

Por las mañanas, cuando todo es luz, cuando empieza un nuevo día y hago mi vida a mi modo, no lo echo de menos; pero por las noches todo cambia de color. Un color oscuro que invade el pensamiento y no da razón a nada, a nada bueno. Suelo leer antes de dormir o rasgo algún acorde a la guitarra, pero llega antes el hastío que el propio sueño.

La música es mi gran pasión, le da sentido a todo en mi vida y, aunque tengo poco tiempo libre, siempre hay un momento, un ratito, un lugar, donde tocar algo, o aprender un compás o un acorde nuevo. No podría sustituirla con otra cosa. Lo que siento con un instrumento en las manos, al acariciarlo y notar desde los dedos cómo nacen ritmos y melodías es, sin duda, sublime. Es indispensable en mi vida. La forma en la que me expreso.

Soy muy musical, no le hago ascos a nada: conciertos, óperas, musicales; música clásica, rock, jazz..., si posee una melodía, me apunto.

Mi profesor es genial, un tío divertido, y superprofesional. Algunos compañeros de clase hemos formado un cuarteto de jazz y solemos quedar para ensayar; tenemos un pequeño local al que acudimos varios días de la semana. En ocasiones, incluso, hacemos conciertos en algún bar o sala. Son estupendos y paso muy buenos ratos en su compañía. Adoro tocar con ellos. La música me ayuda mucho a evadirme de los temores que irrumpen en mi cama.

A raíz de la música fue como descubrí mi problema; lo llamo «mí problema» por no decir su horrible nombre, es doloroso para mi nombrarlo.

Siempre había padecido de migraña, y últimamente se habían vuelto constantes; los dolores de cabeza se convirtieron en continuos y tortuosos, hasta el punto de que empecé a notar molestias en el oído derecho y perdí audición, cada vez escuchaba peor. No es buen pronóstico para un músico y me preocupé. Estaba la posibilidad de acabar como Beethoven, pero yo no soy un genio y no me iba a ir como a él.

Las primeras pruebas que me hicieron no revelaron gran cosa. Un día me metieron en cueros dentro de una máquina, me escanearon la cabeza y, por fin, encontraron a mi despiadado problema.

Un tumor en la cabeza, justo encima del oído derecho. Estaba oprimiéndome el tímpano y anulaba las audiofrecuencias acústicas del oído. Cabía la posibilidad de que siguiera creciendo y que, poco a poco, fuese perdiendo más audición y, por supuesto, la vida también.

Recuerdo el día que me dieron la noticia, me había levantado muy contenta porque después de la consulta tenía ensayo y había cogido la tarde libre en el trabajo, ajena, al día que iba a vivir. Me había preparado un buen desayuno, lo había seguido de una ducha bien larga, y me había abrigado bien pues, aunque estaba soleado, corría viento y hacía mucho frío. Al menos tuve suerte para aparcar el coche, casi en la misma puerta del hospital, siempre me había tocado estacionar lejísimos. Aquel día estuve certera.

Cuando dijeron mi nombre, pasé a una sala blanca muy pequeña, con un escritorio en el centro y una estantería a la izquierda, estaba toda llena de cosas para hacer curas: vendas, gasas, desinfectantes y demás. Me invitaron a sentarme frente a la mesa, al otro lado estaban una enfermera y un médico muy atractivo. Un cuarentón morenazo con unos increíbles ojos azules. Ella también era muy guapa, más joven, rubita, delgada y con unos labios muy carnosos; me pareció que operados o retocados. Llevaba unas gafas anchas de montura roja que le quedaban monísimas con sus enormes ojos oscuros y achinados.

Todo cambió de color cuando me dieron la noticia. La habitación ya no era tan blanca y ellos no estaban tan guapos. Y miré hacia aquella estantería, no había nada que pudiera curar lo que yo tenía.

Aquel día todo se frustró y me fue imposible actuar con naturalidad. No pude, no tuve fuerza alguna para asistir al ensayo. Si hubiera sabido que podía ser un diagnóstico tan cruel, tan horrible, a mí me pareció horrible, no hubiera acudido a la visita sola. Estaba segura, totalmente convencida de que iba a ser una tontería; algo sin importancia, alguna especie de tapón o un quiste, algo leve, y, por conjetura, una intervención fácil, rápida y para casa. Nunca imaginé que pudiera tener tal magnitud y gravedad.

La palabra «tumor» se pronunció solo una vez en toda la conversación, pero en mi cabeza se había quedado grabada y se reproducía una y otra vez. La enfermera se apresuró a tranquilizarme mientras el doctor me explicaba todas mis opciones. Me aclaró, sin andarse con rodeos, que tenía células cancerígenas en los conductos auditivos y que, sin duda, la radioterapia o la quimio serían inevitables, pero antes tendrían que intervenir quirúrgicamente para extirparlo. Trató de ser amable. El primer paso sería saber con exactitud su tamaño. Sin remedio, aquel día sería la antesala de otros de pruebas, analíticas y demás chequeos.

Aturdida con tanta información, el miedo de una operación tan precipitada y de tanto riesgo me bloqueó cualquier decisión lógica. Miedo por si las secuelas físicas serían muy jodidas, y porque quizá la gloria ansiada no sería el final esperado.

Gloria

Al salir del hospital me sentí tan confusa y asustada que solo se me ocurrió ir a casa de Gloria; ella es mi mejor amiga y vive unas calles más abajo del Hospital. Tenemos amistad desde niñas, solo a ella le dejo que me llame «Panocha», porque soy pelirroja y pecosa. Sin burla alguna y sin duda sé que lo dice desde el cariño.

Nuestros padres se conocen desde hace años y son amigos también; nuestras familias veranearon muchas veces juntas, fue el inicio de nuestra amistad. Es abogada y me llevó toda la gestión y el papeleo del divorcio. Todos lo pasamos fatal con la muerte de Roberto, el marido de Gloria. Él era comercial y viajaba, pasaba muchos días fuera de casa, y nosotras aprovechábamos para pasar tiempo juntas.

Roberto era un tío noble y superdivertido, adoraba a Gloria y quería tener muchos hijos; no les dio tiempo. A veces la vida es así de cruel. A sus treinta y siete años, la carretera le arrebató la vida y ella se sumió en una dolorosa depresión, le duró un largo y tortuoso tiempo. Todos aportamos algo para ayudarla, para devolverla a la vida lo antes posible, sobre todo yo. Poco a poco se fue recuperando y logró salir a flote, pero estuvo varios años muy jodida, sin saber bien su rumbo, sin apenas salir de casa y, por supuesto, sin ninguna relación nueva.

Ahora, respecto a ligues va sobrada. Es muy guapa y no sufre carencia de amores. Nunca se compromete, cuando quieren pasar a la fase de «algo más», termina de cuajo con la relación, y jamás convive con ninguno de ellos. Su última adquisición parece que va bien, lleva casi un año con él y todavía no lo ha largado; eso sí, cada uno en su casa.

Envuelta en mi propio tormento, llegué andando hasta el portal del bloque de Gloria, llamé a su piso y me abrió. Subí en silencio en el ascensor, me aguanté las lágrimas. Al abrir la puerta, no disimuló la sorpresa al verme y me dio dos besos.

—Pero, Nuria, ¿qué haces aquí tan temprano? Casi no me pillas, estoy a punto de irme a la oficina. Pasa, mujer, pasa. Termino de maquillarme y estoy contigo.

Se alejó por el pasillo hasta el baño. Estaba guapísima con el traje chaqueta pantalón marengo de raya diplomática, unos zapatos de tacón negros y el pelo oscuro recogido en un moño, le resaltaban sus ojos grandes y marrones, aunque solo llevase maquillado un ojo.

Cerré la puerta y entré hasta el comedor, me senté en el enorme sofá de color crema a esperar que estuviese disponible para poder hablar conmigo. Me fijé, embelesada, en sus nuevos bonitos muebles clásicos, de madera maciza hechos a medida. Cuando murió Roberto, cambió todo el mobiliario de la casa, hasta arrancó los módulos de la cocina y se los colocaron de otro color. Nos dijo que no quería nada que le recordara a su otra buena vida.

La oí desde el baño vocearme algo.

—¿Has desayunado algo, Panocha?

Le contesté que sí y seguí esperándola. Al cabo de un rato, entró en la sala y se puso a ordenar un montón de papeles que tenía encima de la mesa, luego los clasificó y comenzó a guardarlos dentro del maletín.

—¿Y bien? ¿A qué debo esta visita tan grata? —me dijo sin mirarme, mientras atendía a su montaña de papeles.

Me quede en silencio, sin saber cómo empezar; ella noto la rareza de aquella pausa y me miró muy seria, vio mi cara y soltó los papeles sin guardarlos. Se acercaba a mí y me preguntó:

—Nuria, ¿qué tienes?, ¿qué ha ocurrido? —Se arrodillo ante mí y apoyó sus manos en mis rodillas, me acarició la mejilla y añadió—. Nuria... Mírame... Dime ¿qué te pasa?

Rompí a llorar, no pude evitarlo, y ella, sobrecogida, me abrazó con ternura y, entre sollozos, le conté todo lo acontecido en aquella mañana horrible. Terminamos las dos llorando a mares; echando a perder todo su maquillaje y su intachable puntualidad al trabajo.

Intentó consolarme, trató de convencerme de que todo iba a salir bien, y yo quise creerla.

Es todo tan distinto en la soledad de mi habitación. En esa oscuridad nocturna es cuando menos te acuerdas de las palabras de apoyo que te muestran los que de verdad te quieren. Mientras esas mismas palabras te animan y te reviven durante el día; por las noches se olvidan y terminas hundiéndote y muriendo un poco.

Papá y mamá

Lo peor fue explicárselo a mis padres. Gloria me sugirió que lo hiciera de inmediato, quiso pedirse el día de descanso en el trabajo, para estar conmigo y así ir juntas a hablar con ellos, pero no se lo permití; me hizo prometerle que se lo diría aquel mismo día y cumplí mi promesa.

Volví a la fábrica y, nada más entrar por la puerta, me encontré de cara con mi madre, que se quedó muy sorprendida de mi llegada.

—Nuria, ¿qué haces aquí?, ¿no hacías hoy fiesta? —No contesté y le formulé yo otra.

—¿Dónde está papá?

—Dentro con los tejedores, ¿por qué?

—Por qué no vas a buscarlo, tengo que hablar con vosotros —le dije.

—¿Ha pasado algo malo? —Me miró asustada.

—Cuando estéis los dos aquí os lo cuento todo. —Le propiné un ligero golpecito en el hombro—. Va, mami, ve a buscarlo, por favor.

Ella hizo caso a mi plegaria y se marchó, pero antes de salir de la oficina, me miró con recelo. Yo me senté en mi mesa a esperarlos, ensayando mi discurso, sin saber muy bien como sortear airosa aquel temporal, cómo hacerles menos daño.

Trabajo con mis padres en su pequeña fábrica de textiles. Mi padre ejerce de encargado de los operarios, de técnico y mecánico de las máquinas. Mi madre y yo trabajamos en la oficina; aunque, la verdad, el papeleo lo llevo prácticamente yo sola. Ella no se aclara mucho con el ordenador, dice que son máquinas odiosas. Ante su poca capacidad de dominarlo, no me queda más remedio que intentar que no se hunda la empresa llevando al día todos los albaranes, los pedidos y, por supuesto, a mediados de año, Hacienda. A veces me las veo y me las deseo para hacer cuadrar todos los números, pues, en ocasiones, el dinero no es de su color original, a veces es negro, y eso es más complicado de solventar.

Mi madre se encarga de las tareas de relaciones públicas, ella tiene más labia con los clientes, es más convincente y se le da mucho mejor que a mí; yo prefiero la retaguardia. Los dos tienen la misma edad, cincuenta y ocho años, desean fervientemente jubilarse y dejarme a mí el legado de la fábrica, pero su suculenta ofrenda para nada es de mi interés. Creen que su deseo de que me quede a cargo de su empresa es mío también; no es el caso.

Mi aspiración desde hace años es terminar mis estudios y obtener una titulación como profesora de música, para poder dar clases de musicoterapia a niños o a chavales adolescentes. Nunca encuentro el momento de explicarles y hacerles entender a mis padres cuáles son mis verdaderos planes.

De niña me ocurría muchas veces esto: no saber contar con claridad mi verdadero objetivo, proyecto o voluntad. Siempre que creía que iba abrir la caja de los truenos, no sabía bien si hacerlo o dejarles en la ignorancia de creer que todo iba a ir como ellos pensaban. Como tampoco sé cómo empezar a contarles lo de mi problema; supongo que, a partir de ahora, mis proyectos a largo plazo tendrán que pasar a estar en un plazo algo más corto.

Mi padre entró en la oficina algo fatigado, con un churrete de grasa en la mejilla y limpiándose las manos con un trapo más sucio aún. Mi madre venia tras él y cerró la puerta.

—Dime, mi niña, ¿qué pasa? Nos tienes totalmente intrigados —dijo mi padre con ojos de interés.

Los hice sentar a los dos y, poco a poco, les fui narrando mi visita al médico. Observé las diferentes facetas de sus caras mientras les contaba mi horrible relato. Primero, sus rostros esbozaron incertidumbre; después frustración. Los días siguientes mantendrían dibujada la de desolación. No pude evitar que termináramos todos llorando al concluir la narración de mi problema.

David

El mismo día que lo supieron mis padres, aquella misma noche, se lo hice saber también a David, mi marido.

Al llegar a casa, él no estaba, como siempre. Le llamé al móvil y le pedí que viniese lo antes posible. Me respondió que no podía, que tenía cosas urgentes que terminar en la empresa. Con tono despectivo, le dije que sabía con seguridad que no estaba en su trabajo y, antes de colgar, le hice saber que le estaba esperando en casa para comunicarle algo importante.

Habían sido tantas las excusas, tantas quejas y mentiras en las que me aseguraba que acababa de terminar de trabajar, de las que volvía a casa tardísimo y agotado. Cuando yo sabía desde horas antes que no estaba en su puesto de trabajo, gracias a la recepcionista de su empresa, que me aseguraba que hacía horas que se había marchado del despacho.

Sabía que aquella noche era una de esas de trabajo inventado y no necesité llamar a su empresa para confirmarlo, estaba segura de que el trabajo era un embuste. El muy estúpido tenía la convicción de que yo no sabía que estaba con alguien, o con varias. No sé quién era más estúpido de los dos: yo, por seguir dejando que pasase aun sabiendo sus engaños, o él, por ser un torpe indiscreto. Nada nos unía ya desde hacía mucho tiempo y sus mentiras habían dejado de irritarme demasiado; hasta aquella misma noche.

Media hora más tarde se presentó en casa, con una sonrisa falsa y un montón de excusas. No escuché ninguno de sus bulos, le pedí que me escuchara con atención y comencé a relatarle todo, desde mi primer problema auditivo, hasta mi visita al Hospital de aquella misma mañana. Atónito se sentó a escucharme, con los ojos muy abiertos y en silencio, sin dar crédito a mi historia. No supo qué decir al término, pero yo sí, lo rematé con una puntilla final. Le pedí el divorcio.

—¿El divorcio?, ¿ahora? —dijo él, asombrado.

—No, ahora no. Mañana hablamos con Gloria e intentamos que sea lo más justo posible para ambos, y lo más amistoso posible.

»Si puede ser, claro —añadí, sarcásticamente.

—Pero, mujer…, ¿crees que es el mejor momento?

—No. Creo que el momento tenía que haber sido mucho antes —aclaré con sinceridad.

Intenté que comprendiera mis motivos. No le descubrí nada nuevo al decirle que nuestros sentimientos mutuos ya no eran los mismos de años atrás, cosa que reconoció. Ser conocedora de terceras personas por su parte tampoco ayudaba nada en nuestra relación. No quería que estuviese a mi lado por lástima, ni esperaba un sacrificio de su tiempo libre para acompañarme a pruebas y visitas médicas, ni, por supuesto, una dedicación absoluta a cuidar de mí en posibles convalecencias.

No quería nada de él, tampoco lo esperaba.

Poco a poco fue entrando en razón. Tras exponerle todos mis argumentos, descubriendo que no había ya amor por el que luchar, era mucho mejor seguir cada uno por su lado, sin perder el contacto ni la amistad y, de mutuo acuerdo, repartir las cosas materiales sin rencor alguno.

Así, en armonía, decidimos que él se quedaba el coche nuevo, ya pagado, y un pequeño apartamento que teníamos en la playa, al cual todavía le quedaban un par de años de cuotas del banco, y al que nunca íbamos por culpa de su trabajo. ¿O era por culpa suya?, ya daba igual. Yo me quedaría con mi pequeño coche de segunda mano, para mí era más que idóneo, y el piso en el que habíamos estado conviviendo, que, para mí sola, me parecía enorme; viviendo en soledad, aún mucho más.

No sé si fue un buen convenio, ni quién de los dos salió más favorecido, me dio totalmente igual. Un sitio donde dormir y un coche para desplazarme me pareció justo y no quise regatear.

A pesar de estar prácticamente toda la noche discutiendo por cosas tan banales, terminó confesándome que le apenaba mucho mi problema, que sentía mucho nuestro alejamiento y, con lágrimas en los ojos, reconoció, sin duda alguna, que fui la mujer de su vida, que no lo había sabido apreciar, y que no dudara en pedirle cualquier cosa que necesitara en todo el proceso que estaba por llegar.

A pesar de nuestro emotivo abrazo, para mí ya no había vuelta atrás y, a la mañana siguiente, se lo expuse todo a Gloria, a la que no le extrañó nada mi decisión; ella sabía ya de nuestros problemas y se puso a tramitar todo el papeleo.

No quería alargar más tiempo una relación que para ninguno de los dos tenía sentido, ni obligar a nadie a fingir lo que no sentía por pena. Y así decidí caminar yo sola los últimos días, siendo fiel a mi decisión.

Parto de una creencia optimista, de saber, de creer fielmente que, cuando una persona toma una determinación superimportante y drástica en su vida, de aquellas que saben que va a poner todo patas arriba, que va a cambiar su vida y hará que nada vuelva a ser lo que era, y, aun así, la toma, es porque es lo que debía ser para prosperar. Creo firmemente que todo lo que ha de llegar será mucho mejor que lo ya vivido.

Un viaje por todo el mundo. Un número de lotería premiado. Un amor; un apasionado y gran amor. ¿Quién no ha soñado alguna vez con un amor así? De los que te enamoras sin buscarlo, que te libera de tu melancolía y, con tan solo una mirada, te alivia todos tus problemas pasados; que te regala caricias en los peores momentos y de los que sus palabras al oído suenan como suave poesía. ¿Por qué no puedo tener yo algo así? ¿Por qué no puedo creer en algo así?

No sé si me espera algo o alguien que llegue rompiendo todos mis esquemas y que me haga vivir mis últimos días como los mejores. Solo estoy segura de que, si ocurriese, seria posiblemente mi última oportunidad de rozar un poco de felicidad, de tener lo único que vale la pena, el motivo por el cual nadie se quiere marchar de esta vida: la dicha de saber que hay alguien que piensa en ti mucho más de lo que lo haces tu misma, que espera cada atardecer sola y únicamente para acabar el día junto a ti y despertar a la mañana siguiente a tu lado, sin esperar nada a cambio, solamente a ti misma y a tu amor.

Voy a ir

Las tres de la madrugada y aquí estoy, más desvelada que un búho, sentada en el borde de la cama con las piernas colgando, acariciando con los deditos de los pies el gélido suelo, tengo un calor espantoso. Me he tocado la frente, creo que tengo algo de fiebre; y este dolor de cabeza tampoco ayuda para nada a conciliar el sueño. Ya me he pasado con la pauta de pastillas para el dolor y tomarme una más sería rozar la sobredosis. No creo que me sentara nada bien, tengo también algo revuelto el estómago y la quemazón de los ardores no da tregua a descanso alguno.

La lamparita de la mesita desprende una lucecilla tenue que alumbra los dedos inquietos de mis pies, los llevaba moviendo al compás de una melodía imaginaria que me sigue golpeando el pensamiento. Miré al frente y allí estaba, siempre mirando, siempre paciente, mi fiel amiga y compañera. Tras unos segundos, sonreí. «Vale, vale, ya voy». Me levanté y me aproximé para acariciarle las cuerdas, la cogí por el mástil y me la acerqué al cuerpo, me acosté en la cama con ella, logré sacarle algún arpegio, pero terminé rasgando acordes sin control alguno, intentando adivinar esa melodía ratonera que seguía atormentando mi mente. No obtuve mi objetivo. Comenzaron a venirme a la cabeza melodías y canciones de intérpretes que me gustan. Afloró sin querer una canción lenta, muy muy tristona y poco positiva. ¿Por qué siempre me surgen estos temas cuando no tengo sueño? Quizá tocando otra más animada hubiese logrado que el cansancio se apoderase de mí y el sueño llegase sin pensar. Solté la guitarra encima de la cama y di un bote enérgico para sentarme en el borde. Machacar canciones no estaba dando resultado y el sueño brillaba por su ausencia. Creo que lo decidí en aquel mismo instante. Pues sí…, sí voy a ir.

Se aproxima un puente festivo de tres días. Gloria tiene un apartamento en la montaña y ha quedado con dos amigas de la universidad para pasarlos en aquel pueblecito nevado, recordando viejos tiempos.

Silvia y Gloria comenzaban a ser bastante cansinas; llevan días intentando convencerme de que fuésemos todas juntas al pueblo, estaríamos entretenidas y me juran que será divertido. Sé que lo hacen para que no me quede sola esos días. La verdad es que no me apetece mucho ir, pero quedarme todos los días de fiesta sola, mucho menos.

—Pues sí, voy a ir.

Mañana mismo le digo a Gloria que me guarde cama, que me apunto seguro. Además, va también Silvia y, donde va ella, van las risas.

Silvia es una amiga común, nos conocimos en el gimnasio que frecuentamos las tres; es muy divertida y espontánea, aunque está un poco loca. Bueno, ¿y quién no? Es una tía superjipi, toda su vida se rige por energías positivas y estelares, comidas naturalistas e inciensos de todos los olores. Los hombres desfilan por su vida, siempre de paso. Termina agobiándolos, trata de inculcarles sus creencias y sus energías astrales; más bien, los asusta. Entre lo poco femenina que es, sus experimentos culinarios y la caña que les mete en la cama; porque, eso sí, a Silvia nunca le duele la cabeza y, si puede ser más de un polvo, mejor… Lo que yo decía, los asusta.

Trabaja de cajera en un supermercado, oficio que le encanta, porque siempre tiene broncas con algunas «viejas arpías», como ella las llama. Clientas entradas en años llenas de manías y de ridiculeces, que siempre intentan liar y molestar a la pobre Silvia. Con cuatro voces las pone a todas en su sitio y marcando el paso, más firmes que un militar. Cuando salimos de noche, las tres juntas a cenar o de copas, siempre acaban siendo veladas jocosas llenas de anécdotas alegres gracias a Silvia. Sobre todo, cuando nos cuenta sus experiencias con la tercera edad, historias muy divertidas, que explica con todo lujo de detalle y siempre suceden en su trabajo «con sus viejas arpías».

Al decidir que iría con ellas a aquellas minivacaciones, empecé a relajarme y el sueño comenzó a hacer mella; supongo que tantas pastillas algo tuvieron que ver también.

Tras la aprobación de mi médico, a los pocos días ya tenía la pequeña maleta con poca ropa y un arsenal de medicinas que debía seguir tomando.

Silvia nos recogió con su coche a Gloria y a mí sobre las seis de la tarde. Se había ofrecido para conducir porque se marea de copiloto. El camino se me hizo corto a pesar de tardar varias horas en llegar. Fui todo el trayecto adormilada por culpa de una de las mil pastillas que me había tomado antes de partir. Ellas fueron hablando todo el tiempo, de las cosas que podíamos hacer todas juntas en aquellos cuatro días, pero entre el sueño y mi eterno dolor de cabeza, no les presté mayor atención a sus propuestas.

Las otras chicas debían de llegar más tarde, mientras estuvimos subiendo las maletas al apartamento. También subí mi guitarra, que siempre viaja conmigo. Luego, nos sentamos a tomar un refresco. Cuando al cabo de una hora sonó el timbre de la puerta, Gloria dio un brinco de la silla y salió corriendo a abrirles, mientras decía:

—Son ellas, son ellas. Veréis qué tías más geniales.

Silvia y yo nos miramos con los ojos muy abiertos y nos reímos del entusiasmo de Gloria. Minutos después entraba al comedor una chica con el pelo rizado rubio, con los ojos marrones y una dulce sonrisa. Su físico era más bien corpulento, era la más bajita del grupo y se llamaba Ana. La saludé con dos besos. Después conocimos a Lucía.

«Qué lindo nombre», pensé nada más oírlo.

Ella era más alta y muy delgada. De esas mujeres a las que le queda genial el pelo corto, su cabello era castaño, con un peinado moderno y cortito. No estaba anoréxica, pero, al lado de su amiga Ana, parecía más flaca de lo que era en realidad. No pude evitar fijarme en sus hermosos ojos verdes. Me pareció guapísima, con la piel blanca, lisa, sin ni un lunar, ni un granito. Inmaculada total.

Primero saludó a Silvia y, al acercarse a mí, me dio la mano y me dijo:

—¡Vaya! Nunca había conocido a una pelirroja tan pecosa.

Me enfureció su osadía y decidí pagarle con la misma moneda.

—Pues yo tampoco había conocido nunca a una flacucha tan blanca —le respondí.

Sin soltarnos las manos, nos miramos las dos muy seriamente, con los ojos ardientes, y, por supuesto, no hubo beso alguno con el saludo. Gloria notó la tensión y se entrometió para intentar apagar aquel fuego.

—¡Vamos, chicas! Relajaos. Primero os conocéis y, si os tenéis que degollar, os degolláis. Pero daros tiempo a vosotras mismas, ¿sí?

Todas nos echamos a reír y nosotras nos soltamos las manos. Las dos bajamos la guardia.

Gloria estaba hambrienta y nos animó a ir a cenar a una pizzería que estaba cerca. Pero antes decidimos elegir quién dormía con quién y dejar las maletas cada una en su habitación. Silvia y yo nos miramos, cómplices.

Las otras dos se miraron también, pero Gloria dijo en voz alta:

—Ah, no, no. Aquí hemos venido a conocernos, así que Silvia y Ana en esta habitación; yo en la mía, por supuesto, y las dos músicos en la del fondo.

Las dos nos miramos extrañadas y preguntamos a la vez:

—¿Músicos?

Lucía frunció el ceño y añadió:

—¿Tocas algún instrumento?

—Sí, la guitarra. ¿Y tú?

—El violín.

Se nos dibujó una leve sonrisita en la comisura de los labios. Nuestro fatal comienzo quedó en el olvido y, a partir de entonces, solo reinó el buen rollito musical.

Descubrir que una perfecta desconocida comparte tu principal afición es como encontrarte dos motoristas ruteros en una gasolinera. No se conocen de nada, se miran, se hablan y, desde ese preciso momento, son amigos, hermanos de por vida, solamente por su apego común a rular en moto. Con la música ocurre exactamente lo mismo. Entre miles y miles de personas en el mundo, cuando topas con alguien con esa única y misma peculiaridad, ya nunca se te acaba la conversación con esa persona, todas las batallitas que le cuentas poseen una melodía, todas tienen un final musical. Desde un viaje, a un concierto, desde una exposición, a una película. Hasta una tarde en la biblioteca puede ser una buena fábula, cuando encuentras esa partitura que llevabas años buscando y, sin querer, la encuentras olvidada en una estantería polvorienta. Todo, todo son historias sobre música y, lo mejor de todo es, que su interés es real, su atención es verdadera, fiel y totalmente cortés. Además, ella incluyó también sus propias historias, que, por descontado, escuché sin pestañear.

Una vez dejadas las maletas en las habitaciones, ya en el restaurante, Lucía y yo nos buscábamos con la mirada, para poder sentarnos juntas. Dejamos que las demás eligieran su sitio en la mesa y las dos últimas sillas contiguas fueron las nuestras. Nos salió perfecta la jugada.

El plato fue el mismo para todas, pizza. Apenas la probé, me atraían más los ojos de Lucía y su conversación. Me juró mil veces que tenía una foto junto a Mick Jagger, la consiguió en uno de los últimos conciertos que dio en nuestra ciudad, Barcelona. Aquella foto superaba a cualquiera de las mías, solo tengo con grupos nacionales.

Silvia triunfó contando algunas de sus historias, haciéndonos reír a todas durante un buen rato. Ana era la más retraída y se dedicó a escuchar y a reír todo. Después, durante los postres, Gloria se puso melancólica y le dio por contar cosas del pasado, de cuando nosotras dos éramos crías.

—Pues sí, sí. Nuria era la defensora de todas las causas perdidas, todo lo que rechazaban los demás por despecho, ella lo defendía a muerte. ¿Te acuerdas aquella vez que estuviste todo un año sin hablarte con nadie de tu clase porque se burlaban de aquel niño gordito?

—Sí, me acuerdo de él; era Juanito, Juanito, el gordito —confirmé, desganada.

Todas se rieron del pareado, pero yo recordé la poca gracia que me hacía a mí en aquel entonces escuchar cuando se lo decían a él. Aun así, conté la historia.

—Fue mi mejor época en la escuela primaria. Mis padres estaban orgullosísimos de mis notas. Todas las tardes me iba a casa de Juanito a hacer los deberes y a estudiar. El tío era un empollón, un estudioso sin apenas esfuerzo. A su lado aprendí muchísimo, los estudios me fueron mejor que nunca. Lo mejor de todo eran los pedazos de bocadillos de pan chocolate que nos merendábamos en su casa. Juanito no estaba gordo por su metabolismo, sino porque era un grandísimo glotón y comía muchas cositas dulces.

Mientras todas volvían a reírse, Gloria añadió:

—¡Joder!, es verdad, en la media hora del patio nunca se traía bocadillo, siempre pastelitos de chocolate y crema. Y la cabezona de Nuria seguía sin hablarse con ninguno de sus compañeros, aprovechaba esa pausa para desahogarse hablando un rato conmigo, casi no le daba tiempo de comerse el bocata de tanto hablar, de hablar y de quejarse.

Silvia quiso saber algo más y pregunto:

—¿Y cuándo se acabó vuestro romance?

Y yo contesté:

—Pues, precisamente, cuando se convirtió en romance. Una tarde Juanito se me declaro, uff, se enamoriscó de mí y del susto casi me ahogó con un trozo de chocolate. Me vi obligada a tener que pasar de él, porque en realidad no me gustaba y tuve que renunciar a su amistad. Tuve que rebajarme y volver hablar con los demás de clase. Porque una cosa era ser amiga de Juanito y su fiel defensora, y otra muy distinta era ser la novia de Juanito, el empollón, gordito y comilón.

Todas se rieron del final y yo aproveché para fijarme en la expresión que radiaba la cara de Lucía.

Los ojos se le humedecieron por las continuas carcajadas, le brillaban de una forma especial y aún se le embellecieron más, se tornaron de un verde más intenso. Supongo que la luz tenue del local ayudó bastante a aquella especie de efecto; a mí me maravillaban. Sus labios, perfectamente perfilados por el carmín, eran carnosos y atraían, y, dentro de la boca, tenía los dientes bien alineados y blancos, gracias a años de ortodoncia. Sus mejillas estaban encarnadas, imaginé que era por el vino, no porque supiera que yo la estaba observando.

La cena no se alargó mucho más, pues tras el viaje todas estábamos cansadas y nos fuimos a dormir.

Al subir al apartamento nos despedimos con un «buenas noches». Tras pasar todas por el baño, nos fuimos cada una a nuestra habitación. Al entrar en la mía, Lucía ya se había cambiado. Se había quitado el atuendo que llevaba y se había colocado un camisón de invierno, con manga larga y de color fucsia, lleno de florecitas que recorrían toda la tela.

Experimenté una sensación como de decepción por haberme perdido el momento en el que ella estaba sola entre aquellas cuatro paredes, despojándose de sus ropas, quedándose unos segundos desnuda, sin que hubiese nadie, nadie para admirarla; ni siquiera yo. Me sorprendí de aquel pensamiento tan osado, de desear algo que, hasta entonces, no había sido imprescindible para mí. Sin darle más importancia y, esperando a que ella no se diera cuenta de mi actitud, me acerqué a mi maleta y saqué lo necesario para cambiarme yo también. Al girarme, Lucía me estaba mirando y me dijo:

—¿Una camiseta de AC/DC?, ¿siempre duermes así?

Me miré el pecho y admiré mi estampa. A mí no me parecía tan horrible, solo era una camiseta negra con unas siglas. La miré a ella y le contesté:

—No, no suelo dormir así; siempre duermo desnuda. Pero, para estos días, he decidido ser más…, ¿cómo diría yo?, más comedida.

Lucía sonreía con la boca abierta, yo seguí hablando y, molesta, subrayé:

—¿Pues no sé de qué te ríes? Seguro que esta camiseta raída y mil veces lavada es más cómoda que tu camisón floreado hasta los pies.

—¿Me estas llamando clásica?, pelirroja pecosa.

Igual que en nuestra presentación, volvió a ser cruel y sus palabras me ofendieron de nuevo. Deseé decirle algo que le doliera a aquella flacucha, pero, antes de añadir nada, ella extendió su mano, esperando estrechar la mía. Le cogí la mano y, al hacerlo, me dijo:

—No te enfades, mujer, no me estoy riendo de ti. Este camisón es un regalo de mi madre y no he querido hacerle un feo al no ponérmelo. Porque yo, como tú, siempre, siempre duermo desnuda.

«¿Y por qué no damos rienda suelta a nuestras costumbres durmientes?», pensé; pero no dije nada, ruborizada de mis propios pensamientos.

Me soltó la mano y se dirigió hacia mi guitarra, la cogió por el mástil y me la puso delante. Y me dijo coqueteando y con los ojos casi cerrados:

—Si me tocas algo bonito, te perdono.

—¿Qué me perdonas? —pregunté, sorprendida.

—Va, venga —dijo ella, sin contestarme—. Toca algo flojito que no moleste a las demás.

Le quité la funda al instrumento y me senté en la cama, ella se sentó en frente, en la suya, con los ojos impacientes, igual que un niño que estuviese esperando su regalo de Navidad. Y le advertí:

—Solo tocaré para ti, si algún día lo haces tú para mí.

Le sorprendió mi propuesta y caviló un instante antes de contestarme:

—Lo prometo. Ahora tócame algo guay, pecosa.

Esa era mi intención, pero su último atrevimiento volvió a molestarme. Decidí vengarme con la canción.

Tras afinar las cuerdas, comencé a rasgar los acordes del estribillo. La canté muy bajita, para que no me oyeran en la habitación contigua. Más que cantarla, la susurré.

Fa Sol Lam
Por un beso de la flaca daría lo que fuera,

Re Fa
por un beso de ella, aunque solo uno fuera.

Sol Lam
Por un beso de la flaca daría lo que fuera,

Re Fa
por un beso de ella, aunque solo uno fuera.

Lam Mi
Aunque solo uno fuera.

«La flaca»
La flaca.
Jarabe De Palo, 1996.

Noté cómo sus ojos me observaban con interés y, mientras interpretaba la canción, ella se arrodilló frente a mí, apoyó sus manos en mis rodillas y se acercó aún más. Cuando sus pechos aprisionaron mis dedos contra las cuerdas, entorpeciendo mis manos al tocar, me miró. Me miró a los ojos, a un centímetro de la cara, sentí mucho calor; un calor que me recorrió todo el cuerpo, desde los dedos de los pies hasta el flequillo y, entonces, sin mediar palabra, me besó. Unió sus labios suaves y carnosos a los míos con una suavidad extrema. Para mí ocurrió a cámara lenta. Solo fue una leve caricia, pero no supe qué otra cosa hacer que abrir los ojos aún más. Me quedé quieta sin saber muy bien cómo reaccionar. Solo fue un segundo, o aún menos, pero a mí me pareció una eternidad y noté como mi propio calor corporal aumentaba, dejándome las mejillas ardiendo y la boca pobre. Pobre de tan poquito beso.

Lucía, de un brinco, apoyándose en mis rodillas, se puso en pie y acercándose a la ventana me dijo:

—Vale, vale, he captado la indirecta de tu canción, ahí queda ese beso.

Abrió la ventana y se puso a hablar de las estrellas, como si lo que acababa de pasar fuese lo más normal del mundo. Quizá solo a mí me pareció algo flipante y para ella solo fue un gesto cariñoso, pero me dejó petrificada, sentada en la cama mirando mi guitarra como esperando que aquel trozo de madera me proporcionara la explicación de lo ocurrido unos segundos antes. Allí seguía sentada en la cama, cuando Lucía me llamó.

Lucía

—Nuria, ven, mira. Mira qué bonito está el cielo.

Dejé la guitarra encima de la cama y, aún algo aturdida, me acerqué a ella. Era bien cierto, la noche estaba despejada de nubes y totalmente estrellada. Desde aquella altura se divisaba gran parte del pueblo, una extensión de tejados de pizarra, rodeadas de lomas y montañas llenas de vegetación y árboles altísimos. Un bellísimo e infinito cielo negro plagado de estrellas nos regalaba su hermosura.

Apoyé los codos en el borde de la ventana, tal como estaba Lucía, para admirar aquella enorme belleza.

Me sentí algo incómoda al volver a estar tan cerca de ella. No sabía a ciencia cierta si volvería a darle rienda suelta a su espontaneidad. Aunque mi verdadera incomodidad se debía a que no me desagradaba la idea de que volviera a besarme.

—¿Entiendes de astronomía? —me preguntó, entusiasmada. Me miró.

—No mucho. Supongo que como la gran mayoría de gente. La Osa Menor, la Mayor…, y no mucho más.

Giró la cara hacia el exterior y alzó la mirada al cielo, y me comenzó a contar una historia sobre aquellos astros luminosos.

Yo solo podía mirar la luz que radiaban sus ojos. El brillo de sus pupilas aumentó considerablemente con el entusiasmo de sus historias mitológicas. Admiré, embobada, el perfil de su rostro iluminado por la luna. Su cuello largo y estilizado, sus pómulos, su pequeña nariz; su boca. Su boca, después de haberla probado, era imposible para mí no desearla de nuevo.

—Mira, Nuria, allí. —Estiró el brazo hacia el cielo y, con el dedo, señaló un montoncito de estrellas agrupadas—. Mira, esas al lado de la Osa Menor son Casiopea. —Yo bajé de mi nube de abobamiento para atender a lo que Lucía señalaba con tanto interés; ella siguió hablando—. Casiopea era una reina bellísima, admirada por todos, pero la castigaron por presuntuosa. Los dioses la dejaron en el cielo para toda la eternidad, boca abajo, por ser una jodida presumida.

A mí solo se me ocurrió pensar que yo podría perfectamente estar toda la vida frente al rostro de Lucía, castigada, obligada toda la eternidad a mirar sus enormes ojos verdes, y su boca…, su deseable boca. Por supuesto, no se lo dije a ella, preferí disimular atendiendo a la historia de la tal Casiopea, que tan mal final tuvo. La verdad es que estaba asombrada de mis propios pensamientos, derrochando estrógeno a mansalva sin motivo alguno. Pero mientras yo estaba inmersa en mis propias historias, Lucía seguía hablándome de las suyas.

—Algunas estrellas solo se pueden ver con telescopio —me informo Lucía, superinstruida. —Mira, al otro extremo de Casiopea está el Cuervo, fue la mascota de Apolo, dios de la poesía y de la música.

—Vaya —dije yo—. Esta constelación sí que me mola.

Y ella añadió:

—Sí, es verdad; fue la primera que aprendí, por su buen rollete musical.

Al terminar de hablar, me miró directamente a los ojos y yo la miré a ella, nos quedamos las dos en silencio durante unos segundos frente a frente. Su piel era aún más blanca a la luz de la luna y su pelo más oscuro. Ansié que me mostrara alguna señal, algo que me hiciera saber que todo lo que yo estaba sintiendo en intervalos, ella lo anhelaba también. Deseé su boca, deseé de nuevo su beso, deseé que ella lo deseara también, pero no fue así. Segundos después, se giró y dejó de mirarme, se acercó hacia su maleta y, mientras rebuscaba algo dentro de ella, me dijo:

—Este es el mejor momento para esto.

Se dio la vuelta y me mostró una cajetilla de cigarrillos rubios. Volvió a acercarse y me ofreció uno, mientras ella se prendía otro. Negué con la cabeza. Y Lucía apuntó con donaire:

—No te he visto beber vino en la cena ni fumar, tampoco te has excedido con la comida. ¿No querrás hacerme creer que eres una buena chica, correctísima y virginal, que jamás has probado el hachís y que ni siquiera has fumado tabaco? —Las dos nos reímos a carcajadas y me vi obligada a contestarle.

—Respecto a lo de buena chica, si te refieres a que nunca he robado ni violado ni matado a nadie, pues sí, soy una buena chica. Las drogas y el tabaco los he probado, pero puedo decir bien alto que nunca me he enganchada a nada, ni tan siquiera a las flojas.

Si Lucía hubiera visto el compartimento de mi maleta predestinado a las pastillas que debía tomar, no me hubiera creído; más bien hubiera pensado que era un camello.

—El vino me da dolor de cabeza, sobre todo si es peleón. —Preferí decirle eso a explicarle la verdad. Me encanta el vino tinto, pero no debía tomarlo por mi problema. No hubiera sido buen cóctel: vino y pastillas—. Y mi telita vaginal —añadí, airosa—. Gracias a Dios, se rompió hace años. Bueno, más bien gracias a mí y a mi primer novio, que algo tuvo que ver en todo aquello.

Lucía volvió a reírse y a ofrecerme un cigarrillo.

—Va, mujer, nos fumamos solo uno, para relajarnos.

Irrumpió en mi mente un fugaz análisis de sus palabras, de sus motivos para llenarnos los pulmones de humo. ¿Para relejarnos?

¿Relajarnos de qué? Pero si estábamos de días festivos y sin trabajar. ¿De qué había que relajarse? Si más relajadas no podíamos estar; ¿acaso mis nervios también son los suyos?, cuando se me acerca y me mira… Se puso tan cansina y fueron tantas mis negativas que comenzó a agobiarme la insistencia. La miré directamente, firme y muy seria, y le dije:

—¿Crees que después de ver morir a un hermano de cáncer de pulmón, me quedan ganas de pegarle una calada a este veneno? No creas que lo peor es enterrarlo. Verlo derrumbarse como personas cada día, cada mes, cada año, eso sí que es lo peor. Si me ha de pasar a mí, que sea porque siempre fue mi sino, no porque yo di el primer paso para que ocurriera.

Lucía se quedó mirándome, anonadada, atendiendo a todo lo que yo decía y no me interrumpió en ningún momento, se quedó unos segundos paralizada. Tiró medio cigarrillo por la ventana y me dijo:

—Yo… Lo siento, Nuria, de veras, no sabía nada, no he querido molestarte, yo… Yo no…

Intentó disculparse de todas las maneras posibles, aunque no muy airosamente. Quiso decir algo para arreglar aquella situación, pero cada vez se aturullaba más y noté que se sentía muy culpable. A mí se me fue dibujando una sonrisita, cada vez más pronunciada. Ella seguía sumando palabras para remendar su bochornosa situación, y a mí ya se me escapaba alguna carcajada al presenciar su apuro. Lucía me miraba desconcertada, intentaba arreglar su error y yo no escondía que estaba partiéndome de la risa. No entendía nada y, de repente, lo vio, lo entendió al instante. Me miró muy seria y me dijo:

—Es mentira, ¿verdad?

Yo asentí con la cabeza, pues la risa ya se había apoderado de mí y no podía ni hablar.

—¡Eres una cabrona! ¿Cómo has podido hacerme esto? —dijo enojada. Comenzó a darme pequeños puñetazos en los brazos y en los hombros, incluso un coscorrón en la cabeza. De su boca comenzaron a manar miles de palabras ofensivas que aumentaron más su cabreo y su tono de voz—. Eres una malvada hija de... ¿¡Cómo has podido!?, me lo he creído todo, eres lo peor.

Entre risas y con lágrimas ya en los ojos.

—Joder, Lucía —le dije como pude—; me lo has puesto en bandeja.

Me vengué de ella de un plumazo, de los apodos que, con maldad, me había asignado.

Entonces, Gloria llamó a la puerta y las dos a la vez dimos permiso para que entrara. Venía a regañarnos.

—Pero bueno, ¿a vosotras qué os pasa? La musiquita, las risitas... ¿No queréis dormir?, ¿no tenéis sueño?

Yo aproveché para salir un momento de la habitación, dejé a Lucía disculpándose con Gloria. Recordé que me tocaba tomarme una de mis múltiples pastillas y no quería dar explicaciones a Lucía, así que fui al baño.

Al volver a la habitación, Gloria ya no estaba; Lucía había cerrado la ventana y, tras ella, quedaron las estrellas y sus historias. Ella se encontraba ya calientita dentro de su cama.

Mientras me preparaba para acostarme en la mía, le pregunté:

—¿Se ha enfadado mucho Gloria?

—No, no mucho. Mañana nos lleva a un sitio muy bonito y quiere que estemos descansadas.

Lucía bostezó y deduje que le quedaban pocas ganas de hablar. No alargué más la conversación y me acosté, nos dimos las buenas noches y nos quedamos en silencio.

Como siempre, me costó mucho dormirme, pero aquella noche, al menos, no fue por pensar en mi problema, sino por mis propias vivencias. Lo acontecido en aquella habitación se repetía y me atormentaba, y no me dejaba cerrar los ojos.

El recuerdo de su beso lo invadió todo; aquel beso espontáneo, fugaz, mínimo, lo reviví una y otra vez en mi mente y, como si pudiera rebobinar el tiempo, echaba hacia atrás aquel momento, soñaba despierta cómo besarla con un nuevo beso mejorado, más profundo, húmedo y largo. Pero siempre volvía al inicio, al verdadero beso insulso que fue, al que en efecto me dio. Al beso minúsculo, corto, frío y sin pasión. Comenzaron a desorbitarse las fantasías desmedidas de algo que creo que, solo a mí, me pareció venerable. Intenté por todos los medios dejar de pensar que toda mi existencia se centrara sola y únicamente en aquel instante tan…, tan efímero. Cerré los ojos, con la esperanza de que me ayudara a centrarme en la veraz realidad y así dejar de cavilar todos aquellos antojos que, en verdad, no me conducían a nada y no eran recíprocos. Desee que mi mente se quedara en blanco, arrastrándome a un profundo sueño. Pero cuando más relajada estaba, cuando estaba a punto de claudicar, escuché a Lucía llamarme:

—Nuria.

—Sí —contesté, asustada.

—Siento mucho lo de tu hermano.

Durante unos segundos me quedé asombrada por sus disculpas, no entendía cómo…, ¿de dónde lo había sacado?, ¿cómo sabia…? Y, de repente, me acordé de Gloria y del instante en que las dejé a solas. Rumié un momento mi respuesta y, al final, le contesté con sinceridad.

—Muchas gracias, Lucía, pero fue hace muchos años; ya no duele tanto. Aunque la pupa siempre está ahí.

Volvimos a quedarnos en silencio y, tras un buen rato, el sueño hizo acto de presencia.

Lo correcto y sensato

A la mañana siguiente, me desperté mirando al lado del armario. Abrí los ojos y lo primero que vi fue aquel majestuoso armario, con cuatro puertas y altillo, de color pino, a juego con la mesita que dividía las dos camas. Sus dos puertas centrales eran espejos y, en ellos, vi reflejado que Lucía ya no yacía en su cama.

Me giré de repente para comprobar su ausencia. No estaba en su cama ni fuera, no había nadie en la habitación. Al girar la cabeza e incorporarme rápido, noté un pinchazo en la sien y un mareo intenso que hizo que toda la habitación se moviera a mi alrededor. Volví a tumbarme boca arriba para esperar a que se me pasara, a que parara mi terremoto interior, mientras miraba la pequeña lamparita de cristal que colgaba del centro del techo, esperando a que se acabara el baile y todo dejara de danzar en torno a mí.

Me prometí alejarme de lo irreal y acercarme mucho más a lo posible, a lo sensato, a lo existente, y dejar de construir castillos de algo que solo yo estaba levantando.

Era evidente que vivir sola me estaba pasando factura. Dormir sola, comer sola, hasta hablar sola. Tal vez, sin darme cuenta, inconscientemente yo misma intento de alguna manera cambiar esta situación y, sin pretenderlo, me aferro a un clavo ardiendo, para quizá ralentizar el morir, para dejar de morir tan rápido. Morir, siempre tan presente en mi mente, en mis horas, en mis sueños y en mi vida; en mi corta vida. Sé que estoy perdiendo la batalla, que cada vez me gana más terreno y me deja menos tiempo. Tiempo para acercarme a lo posible, a lo sensato, a lo existente.

Tras unos minutos de calma y reflexión, todo dejó de moverse y fui yo la única que lo hizo para levantarme y vestirme. Me puse ropa cómoda y abrí la ventana para airear la habitación. Hacía un día espléndido, con un sol radiante. Me sorprendió aquella brisa polar que cortaba la piel y calaba los huesos; aun así, era un día de postal y aquel frío regeneraba cualquier mente atormentada, como la mía.

Salí al pasillo. En el cuarto de baño oí ruidos, deduje que estaba ocupado y no empujé la puerta. El olorcillo a café recién hecho me hipnotizó, me atrajo hacia la cocina. En ella estaba Gloria sirviéndose un tazón de café con leche. Me miró sonriente y me dijo:

—Oh, qué sorpresa. Buenos días, Panocha. ¿Cómo has dormido?

—Buenos días, Gloria. Bien, muy bien.

—Aquí tienes café caliente. En este armario hay galletas, magdalenas y demás. Tú misma, ¿vale? —me indicó gentilmente, mientras ella ya se sentaba con su tazón humeante.

La cocina no era muy grande, pero los muebles blancos ayudaban a que no se viera pequeña. Tenía un ventanal enorme por el que entraba buena luz y un sol reconstituyente que justo daba sobre la mesita, siendo aquel rincón el más calentito y cómodo de todo el piso helado.

—¿Quién está en el baño? —pregunté.

—Lucía. Entró cuando yo salía.

Me estaba sirviendo un café cuando sentí el hombro de Gloria pegado al mío. Se había levantado a coger el azúcar y me dijo en voz baja:

—Por cierto, qué conversación tan macabra tuviste anoche con tu compañera de habitación, ¿no?

—No debiste contarle nada —añadí con un hilo de voz.

—¿Yo? Llevas años sin hablar de tu hermano. No sabía que todavía te martirizara —me dijo, preocupada.

—No sucedió como crees, fue totalmente una broma. No debiste contarle nada.

—¿Que no debí? —me dijo, enojada—, pero si se lo contaste tú, yo solo resolví sus dudas.

—Ya lo sé, pero no debiste aclararle nada…

Antes de terminar mi frase, oímos pasos en el pasillo. Las dos nos callamos y miramos hacia la puerta. En unos segundos apareció Lucía, con una sonrisa y envuelta en un albornoz azul claro.

—Buenos días.

Respondimos al unísono a su saludo.

—Qué ducha más buena me he dado, me he quedado como nueva —añadió.

Gloria y yo nos miramos y disimulamos bebiendo café. Con la cafetera en la mano, miré a Lucía y le pregunté si quería uno. Asintió con la cabeza y se sentó junto a Gloria.

Intenté alardear de mi destreza, llevando en una mano mi taza y la suya y, en la otra, un paquete de galletas; pero todo se desmoronó al llegar a su altura.

Al sentarse Lucía ocurrió lo inesperado, el albornoz se le deslizó, quedándole las piernas al descubierto, unas larguísimas y delgadas piernas desnudas. La parte del cuello se le quedó entreabierta y, desde mi posición, le vi todo, su generosa intimidad. No pude evitar fijarme. Antes de poner la taza en la mesa, ya tenía la mirada clavada en su canalillo.

Me sentí como un halcón acechando a su presa. Ella, abajo en la llanura, sin advertir mi vigilancia, indefensa, sin sospechar el peligro. Y yo, en las alturas, controlando todos sus movimientos y su espléndido canalillo.

Con tanta distracción, la que no controló nada fui yo. Las galletas se me cayeron y el café se me escurrió. Gloria se apresuró a ayudarme para que no se volcara. A Lucía se le escapó la risa mientras recogía las galletas desparramadas por toda la mesa. Gloria me miró asustada y me dijo:

—Nuria, ¿no te encuentras bien?

—Sí… Perdona. Es que… se me ha resbalado la taza —contesté, aturullada.

Me puse colorada como un tomate y sentí una vergüenza enorme al pensar que alguna de las dos pudiera haberse dado cuenta de mi interés por el cuerpo femenino. Estaba tan sofocada que me tomé el café de un trago y pensé que lo mejor sería irme a la ducha, una ducha de agua bien fría.

Tras mi espectacular actuación, no podía articular palabra. Ellas comenzaron una conversación trivial que yo no podía seguir. La mente se me quedó en blanco y el bochorno no me dejaba decir nada coherente. Estar frente a esas dos mujeres en silencio empezó a incomodarme y salí de la cocina diciéndoles que me iba al baño.

Salí rauda del baño cuando oí que todas estaban listas. Tras varios litros de agua bien fría por el cuerpo, el pelo bien seco, un ligero maquillaje y mi pequeña dosis de optimismo, esa que guardo en el compartimento de mi maleta, estaba lista para dejar de hacer el ridículo y pasar un día agradable.

Todas subimos al coche de Silvia. Todo el camino fue cuesta arriba y recorrimos unos cuarenta y cinco minutos de carretera para llegar a nuestro objetivo. A mitad del trayecto pasamos cerca de unas pistas de esquí. Deporte que Ana nos confesó que practicaba asiduamente con su pareja.

Lucía reconoció, frustrada, que alguna vez se había puesto unos esquís, pero que estaba más tiempo en el suelo que en pie.

Aproveché para manifestar que yo también era muy patosa en la nieve. Silvia protestó, añadió que era un deporte «pijo» y materialista. Imaginé que lo decía porque, como casi todas, no tenía habilidad ninguna sobre los esquís. Es más fácil decir que lo desconocido no te gusta que reconocer el fiasco que es que te supere.

Gloria no entró en la conversación, se quedó callada, ausente, y nadie le preguntó. Creí entender que todas eran sabedoras de que ella y Roberto eran expertos esquiadores y nadie quiso molestarla.

Silvia conducía con precaución, pues había tramos en los que el asfalto estaba helado. Guiada por Gloria, nos llevaron hasta un parque nacional abrigado por un enorme valle, cuyas hermosas montañas, plagadas de árboles, se perdían en el horizonte, apenas dejaban entrar el sol.

Gloria nos asignó una mochila a cada una y organizó una pequeña excursión a pie. En fila india seguimos todas sus pasos, sin desviarnos del sendero junto al río. Un río cristalino y caudaloso que nos acompañó en todo momento, igual que el sonido agradable de sus aguas y el piar de los pájaros.

Decidí ir algo más rezagada, dándole conversación a Ana, básicamente porque Lucía seguía de cerca los pasos de las primeras. Preferí alejarme del peligro, de mi propio peligro: Lucía.

Llevábamos media hora andando cuando empecé a advertir una fatiga extrema, sudores, náuseas, frío, calor y un terrible dolor de cabeza que me nublaba la vista. Fatiga que, en cuestión de minutos, aumentó. Me sentía mareada y, en dos ocasiones, tuve que esforzarme para no vomitar. Notaba el latir del corazón en el centro del cerebro, me causaron pinchazos, pequeños espasmos de escalofríos que me recorrieron todo el cuerpo.

El trayecto se convirtió en un infierno para mí, traté por todos los medios de que nadie notara mi malestar. Seguí andando, siguiendo a las demás, pese a llevar el paso descompasado.

Sentí alivio cuando, unos metros más adelante, Gloria gritó:

—¡Ya hemos llegado!

Todas soltamos los bártulos y yo aproveché para sentarme junto al río y serenarme. Las chicas estaban alborotadas, hablando de aquel sitio tan bonito y del paseo tan agradable. Para ellas, claro.

Metí las manos en el agua transparente. Estaba helada, pero no me importó, me regeneraba. Me refresqué la cara y bebí, sacié mi garganta seca. Cuando mi respiración se normalizó, admiré aquel lugar realmente bonito.

Gloria nos llevó entonces hasta un merendero. Allí, unos enormes árboles agrupados daban sombra sobre unas mesas y sillas de piedra, piedra autóctona de aquel lugar.

Llamaba la atención la pequeña cascada que presidía aquel rincón de bosque. Se oía un gran estruendo al caer el agua, al golpear contra la superficie y las piedras. Formaba a sus pies una alfombra de espuma que se mezclaba en el fondo con los peces y las piedras.

Me asusté al descubrir a Lucía detrás de mí.

—¿Te encuentras bien, Nuria?

Embelesada con aquel lugar, ni siquiera oí sus pasos acercándose. La miré unos segundos sin hablarle, aspiré el aire puro que todo lo envolvía y le contesté:

—¿Quién puede encontrarse mal en este pequeño paraíso?

—Sí, es bonito este sitio, sí. Es de película romántica, ¿verdad? —añadió.

Se acercó aún más a mí y su mano tocó mi frente, con la otra mi mejilla. Me miró a los ojos y me regaló una sonrisa mientras me decía:

—No sé, es que te veo mala cara.

—Me encuentro muy bien, de veras. —Fingí una sonrisa y una vitalidad inexistente—. ¿Acaso no parezco espléndida?

Ella se quedó pensativa y, mirándome de reojo, me dijo:

—Parecerte, parecerte, te pareces un poco a Julia Roberts.

—¿Julia Roberts, la actriz? —contesté, asombrada.

—Sí, bueno, te das un aire. Si no tuvieras esa costumbre de recogerte siempre el cabello, seguro que, si te lo soltaras, la bordarías.

Alzó sus manos a la altura de la cara. Creí que iba a acariciarme. Todos los músculos se me contrajeron, y se me erizó el vello. No pude reaccionar con naturalidad, no supe qué decir ni qué hacer.

Deslizó sus manos detrás de mi cabeza, dejó su cara frente a la mía. Noté cómo su perfume lo invadía todo, me bloqueó todos los sentidos. Me despojó de las ataduras de mi trenza y sus dedos juguetearon en mi nuca, enredándose en mi pelo, desmelenándome el cabello, separando los mechones uno a uno, cayéndome en los hombros en cascada.

Cerré un segundo los ojos, disfrutando de aquel dulce escalofrío que me sometía y me elevaba del suelo. Rauda, volví a abrirlos para fijarme en ella, en sus ojos, en su boca. Sentí un enorme deseo de tocarla, de besarla, de acariciarle los labios con los míos y respirar su aliento.

Ella me bajó de la nube y me estampó contra el suelo sin piedad, cuando soltó mi pelo y su cara, su perfume, su boca, se alejaron de mí unos centímetros, para agacharse y arrancar una florecilla que justo estaba a nuestros pies.

Volvió a alzarse y colocó la flor en mi cabello, a la altura de mi oreja. Entornó los ojos y me miró de reojo, afinando la mirada. Me sonrió y me dijo:

—¿Lo ves? Ahora sí que te pareces.

Es curiosa la vida: cuanto más te empeñas en no coincidir, más se encaja todo para toparte de frente con lo que llevas tiempo esquivando. Siempre vuelves, inconscientemente, a donde empezaste a correr, de quien empezaste a huir. Ella, que sin pedírselo me eleva hasta las puertas del cielo, haciéndome creer que estoy allí porque ella también lo desea y, sin tan siquiera rozar el umbral, me devuelve a la tierra, a la realidad, donde su amor por mí no existe y solo queda la evidencia de este dolor de cabeza que siempre me acompaña.

Lucía se giró hacia las demás, que estaban adecentando un sitio para comer. Con un enérgico grito llamó su atención.

—¡Chicas! ¿Se parece o no Nuria a Julia Roberts, la actriz de Hollywood?

Entre risas y aplausos, asintieron con la cabeza y le dieron la razón a Lucía.

Desenredé la flor de mis cabellos rojizos, la olfateé y la observé con detenimiento. Era una margarita. Comencé a contar sus pétalos, sin arrancarlos, con la creencia de que aquella flor silvestre me proporcionaría un poco de esperanza:

Me quiere… No me quiere… Me quiere… No me quiere…

En su noveno y último pétalo, la esperanza fue favorable y mis dudas se iluminaron con un pequeño rayito de confianza. Guardé la flor en un bolsillo de la camisa, cerca del corazón.

Las demás eligieron una de las mesas para improvisar una comida campestre. Todas las mochilas tenían algo de comer o de beber y prepararon un manjar a base de fiambres variados.

Yo seguí en mi empeño de no dejar que los encantos de Lucía dominaran la situación y, para no darle pie a ello, me senté alejada de ella. Pero mis ojos siempre se iban hacia ella, como un pequeño «tic» que no podía dominar ni evitar.

Durante la comida, todas profundizamos más en nuestra corta amistad y nos contamos cada una algo de nuestra vida afectiva.

Ana nos explicó que era abogada, como Gloria, que llevaba cinco años casada y que querían ya tener niños. Que vivía cerca de la playa y que su marido trabajaba en un centro comercial, no especificó en qué.

Silvia dejó bien claro que para ella eso era inalcanzable, pues los hombres le duraban tan poco que era imposible que llegaran a sentir junto a ella la paternidad. Ella misma aprovechó para aclarar mi nueva condición de «soltera», cosa que no me hizo ninguna gracia y se lo hice saber con una mirada de enfado.

Gloria reconoció que lo suyo, «lo de su nuevo novio», estaba durando mucho porque todavía no le había propuesto matrimonio.

Lucía, sin quererlo, terminó apuñalándome a corazón abierto, inconscientemente claro, con su confesión de que tenía pareja. Cosa que me fastidió, pero que no me extrañó. Era imposible que una mujer como ella estuviera sola. Flor tan bonita no podía estar sin maceta. Aun así, no pude evitar que me doliera saberlo.

La comida transcurrió divertida, familiar, y al llegar a los postres la conversación se puso más seria. Ana y Gloria hablaban de los diferentes casos que llevaban, cada una en su respectivo bufete. Historias complicadas, enrevesadas y con mal final, que todas escuchamos alucinadas, sin parpadear.

Quería pasar desapercibida, cogí una pequeña botella de agua que ya estaba vacía y me levanté muy lentamente; me alejé de la mesa, de las chicas y de su conversación. En el borde del río me incliné y llené la botella de agua. Saqué de mi bolsillo un puñado de pastillas. No recordaba cuál era para el dolor de cabeza y, por un instante, un momento fugaz, pensé: «¿por qué no tomármelas todas y acabar con todo de una vez?».

Levanté la vista y admiré aquel lugar para llevármelo conmigo. No creo que hubiera mejor lugar que aquel como último recuerdo, para grabarlo en mi mente como el membrete de haber pasado por esta vida. Giré la mirada hacia ellas, para llevármelas también, junto a la dulce sonrisa de Lucía, y así partir con el corazón un poquito lleno.

No vi con ellas a Lucía, ¿dónde estaba? Miré a un lado y hacia el otro. Allí estaba, junto al río, unos metros más allá, hablando por teléfono.

A veces me observo a mí misma diciendo y pensando gilipolleces, cosas que no quiero hacer. Es curioso no querer abandonar esta vida y, a la vez, en momentos, ayudar yo misma a que el final se acelere, sin saber a ciencia cierta si mi problema tendrá un fatídico final. Aun así, lo sospecho y, en ocasiones, me abandono y me dejo convencer, ayudándome a irme ya, pronto.

Me puse a espaldas de Lucía y miré nuevamente la mano llena de pastillas. Me decidí por la blanca. No estaba segura de que fuera aquella, pero solo me tomé una, me ayudé a tragarla con el agua de la botella.

Volví a mirar a Lucía, supongo que para cerciorarme de que no advirtiera mi trago oculto. La verdad es que no tenía ganas de dar explicaciones. No creo que pudiera soportar la lástima en su mirada.

Ella me miró y se acercó. Yo avancé unos pasos también hacia ella.

—Vaya sitio chulo para tener una casita junto al río. Venir aquí cada fin de semana debe de ser regenerador —me dijo, mientras se sentaba en una piedra enorme.

Yo hice lo mismo y la acompañé.

—Sí, tienes razón. Alejarse del estrés de la ciudad y poder descansar al final de la semana aquí tiene que estar muy bien.

—Gloria me ha dicho que trabajas con tus padres —indagó, interesada.

—Sí. Aunque más que trabajar, les ayudo a no hundir el negocio.

Mientras se reía de mí, me pregunté si Gloria le había informado de mi situación laboral o si, por el contrario, fue Lucía quien quiso saberlo. Para mí no era lo mismo si su interés era desinteresado o porque le atañían directamente todas mis cosas.

Reparé en que yo no sabía su oficio y le pregunté. Me contó que era arquitecta. Trabajaba para una constructora, diseñando bloques de oficinas y naves en polígonos. Eran más bien croquis industriales. Conoció a Gloria en la universidad, a través de Ana, que ya era amiga suya desde el colegio.

—Igual que todo músico desea escribir una obra maestra musical, a vosotros os pasa lo mismo, ¿no? Me refiero a los arquitectos. Supongo que ya tendrás algún trazo o boceto del diseño de tu propia casa —aventuré.

—Sí, algo hay. Tengo una idea inicial, pero me falta lo más importante. Un terrenito en un lugar como este, donde las estrellas se divisen en todo su esplendor. Y alguien con quien compartirlo, toda la vida.

—Uff…, ¿toda la vida? —le dije, agobiada—. Eso es mucho tiempo. ¿Lo sabes? ¿No?

—Lo sé. Llámame tonta, pero cuando estoy con alguien quiero creer que va a ser para siempre. La verdad es que, hasta ahora, no ha sido así. No les echo la culpa; supongo que, en ocasiones, he ayudado a que la relación se consumiera.

Nos quedamos las dos unos segundos sin hablar, analizando sus últimas palabras, sin saber muy bien cómo reanudar la conversación. Solo se me ocurrió añadir una simpleza, algo que en realidad describía muchas situaciones diferentes de la propia vida.

—Supongo que todo tiene un final.

—Sí, todo lo tiene —dijo ella, muy seria—. Pero solo hay dos tipos de final: los que la naturaleza te impone, como la muerte, y los que nosotros mismos aceleramos no valorando ni cuidando a quien tenemos en casa. No es lo mismo vejez que dejadez.

—Yo lo veo desde otro punto de vista —dije, analítica—. Creo que hay dos tipos diferentes de personas: las que se pasan la vida currándoselo para evitar el final de su matrimonio, y a veces funciona, y las que curran un montón olvidando por completo su matrimonio. No es lo mismo quererte en la distancia que distante te quiero.

Lucía esbozó una sonrisita y me dijo con franqueza:

—Me gusta tu punto de vista, porque no es lo mismo ausencia que presencia.

—Claro —añadí.

Nos quedamos un segundo mirándonos fijamente y, las dos a la vez, rompimos a reír. Las carcajadas salieron de nuestra garganta sin control, igual que aquella cascada no dejaba de emanar agua. Hicimos de unos pensamientos reflexivos un momento divertido e inolvidable. Era extraordinario verla reír.

Oímos la voz de Silvia que nos llamaba. Nos giramos las dos hacia ella.

—¡Chicas, vamos a recoger, que volvemos! —gritó Silvia.

Nos levantamos y, en silencio, comenzamos a ayudar a las demás. Yo me acercaba a la mesa pensando lo agradable y relajante que me parecía hablar con Lucía. Jamás me acordaba de mi problema cuando conversaba con ella, era totalmente curativa. Nunca recordaba mis dolores a su lado.

La vuelta a pie no me pareció tan horrible; fue en bajada y lo hicimos en menos tiempo. Cargamos todas las cosas en el maletero y cada una se sentó en el mismo asiento en el que habíamos venido. Al volver por la misma carretera pasamos nuevamente por las pistas de esquí, pero esta vez nadie añadió nada.

Silvia nos anunció a todas que Gloria quería llevarnos esa noche de fiesta a una discoteca que había en el mismo pueblo, y dio su opinión:

—Así podemos beber lo que queramos, sin necesidad de coger el coche. Además, en estos sitios apartados siempre suele haber algún hombretón desvalido que necesita de mi calor humano.

Ana protestó, añadiendo:

—No irás a traerte un «maromo» esta noche a la habitación, ¿dónde voy a dormir yo?

Silvia esbozó una sonrisa y le contestó:

—Lo primero es lo primero. Tú hoy duermes en el balcón si es necesario.

A todas se nos escapó la risa y el interior del vehículo se inundó de carcajadas. Hasta a la propia Ana le lloraban los ojos por la graciosa ocurrencia de Silvia.

Llegamos al piso y, por tandas, fuimos pasando al baño para refrescarnos con una ducha antes de cenar. Yo esperaba mi turno echada en la cama junto a mi guitarra, que emanaba acordes muy apropiados para mi propósito en vano de olvidar a Lucía.

Sim Sol
Me muero por conocerte,
La Re
saber qué es lo que piensas.
Fa# Sol
Abrir todas tus puertas...

«Sin miedo a nada»
¿Qué pides tú?
Álex Ubago, 2001.

Entre todas hicimos tres tortillas de sabor diferente. Yo me adjudiqué el trabajo de pinche; Gloria y Lucía, el de cocineras. Silvia preparó una ensalada y untó pan con tomate. Hasta Ana se atrevió a hacer una sangría que todas, entusiasmadas, alabaron por su rica mezcla; menos yo, claro, lo tengo totalmente prohibido.

Silvia es también una excelente cocinera. Les da un toque personal a las comidas que no sé explicar bien qué es, pero le salen buenísimas. A pesar de su media inclinación vegetariana, cocina todo tipo de platos, aunque tengan carne. Me encanta ir a cenar a su casa, porque es de las pocas veces que termino rebañando el plato.

Todo estaba listo en el comedor y las cocineras presentaron las tortillas en el centro de la mesa. Gloria dijo: «¡venga, a cenar!», y fue la primera en sentarse. Yo estaba junto a ella y ocupé el asiento contiguo. Ana, tras de mí, se puso a mi otro lado, pero, antes de acercar la silla a la mesa, me percaté de que Lucía le susurró algo al oído.

De reojo espié astutamente cómo las dos amigas cuchicheaban algo durante unos segundos. Ana se desplazó un asiento más allá y Lucía ocupó la silla que había quedado vacía junto a mí. Yo disimulé atendiendo a mi comida, que ya estaba en el plato.

Gloria partió las tortillas en partes iguales y repartió un trozo diferente a cada una para que probáramos los distintos sabores. Miré mi plato, estaba totalmente colmado. Me propuse devorarlo todo, aun sabiendo de antemano que me engañaba a mí misma.

Elegí una de las porciones y le corté un trocito. Cuando acerqué la comida a mi boca, justo antes de que tocara mis labios, noté un ligero golpecito en el brazo. Cautelosa, me giré antes de ingerir nada. Era Lucía tocándome con su codo. Me miraba sonriente y me dijo:

—Espero tu aprobación, esta es mi obra culinaria.

No dije nada. Volví a mirar el trozo de tortilla que aún presidía la cima de mi tenedor. Lo probé ante su atenta mirada. Le hubiera mentido piadosamente si hubiese degustado lo más horrible del mundo, pero me sorprendió gratamente su exquisito sabor.

La patata se deshacía en la boca como mantequilla, el huevo casi líquido, ligeramente cuajado, se resbaló por mi lengua y noté levemente un sabor a pimiento verde. Estaba riquísima y le di mi opinión más sincera.

—Joder, está buenísima de veras. Buena, buena.

Orgullosa de su manjar, se le dibujó una sonrisa de oreja a oreja.

Todas aclamaron un aplauso para las cocineras y yo me uní a la jauría. Lucía se puso roja como un tomate. Avergonzada, no paraba de sonreír y de dar las gracias a todas. Era maravilloso presenciar su felicidad, verla sonreír. Los ojos le brillaban llenos de vida y sus labios se arqueaban en una enorme y resplandeciente sonrisa, marcándosele aún más los hoyuelos de las mejillas, justo al lado de la comisura de los labios, y aquellos dientes marfil presidiendo el buen júbilo que despedía su aureola, el buen rollo, la energía positiva que fluía cuando ella arqueaba los labios y los ojos se le llenaban de vida.

Observando su sofoco, me sobrevino una idea. Aquella mujer ruborizada, sonriente y espontánea posiblemente fuese la mujer más perfecta del mundo. Simpática, inteligente, guapa, con un cuerpazo, buena cocinera y, además, entendía de música; por lo tanto, también sensible. Estaba segura de que Lucía rozaba la perfección.

Y si en la cama también era buena…, uff, sería ya la bomba. ¿En la cama? ¿Y a mí qué me importaba eso? ¿Acaso no me he autoconvencido de no decir sandeces y seguir el camino de lo sensato? ¿Qué me importaba a mí la intimidad de una persona a la que no le interesa la mía? Me lo repetí una y mil veces, pero mi realidad era otra. En verdad, sí me interesaba saber esas cosas de ella, y más.

El cometido impuesto por mí misma, mi propia persuasión de no seguir el camino que emanaba su particular aureola, no estaba dando resultado. No amainaba mi interés por saber algo de su intimidad, por saberlo todo de ella. Me envalentonaba con la arrogante idea de acercarme a ella y atreverme a dar el paso, de exhibir mis deseos transparentes, dejando atrás la ingenuidad y relatar mis anhelos junto a ella.

Pero me atenazaba el pánico, el miedo al «no». Y seguía nuevamente el camino más fácil, el de la sensatez, pero a la vez el más estéril y casi imposible de sobrellevar.

Aquella noche Lucía estaba muy parlanchina. Supuse que le ayudó bastante la sangría. Por supuesto, la conversación musical fue obligada y buscada, pero puso más empeño hablando de su familia. Su padre, de origen italiano, había sido su mentor, quien le había enseñado a tocar el violín, pues él era presidente fundador y músico de una orquesta de más de cincuenta componentes, subvencionada por el Ministerio de Cultura de la Generalitat.

Sus ojos se tornaron cristalinos y, en sus palabras, se adivinaba el añoro de la ausencia paternal. Me parecía insufrible verla intentando una y otra vez mantener la entereza para no sucumbir en lágrimas. La garganta se le acongojaba y hacía pequeñas pausas para respirar y seguir con la conversación.

Deseaba decirle algo que menguara su dolor. Quise abrazarla, mimarla, acariciarla y curarle un poco su herida, pero me quedé sin mover un solo músculo del cuerpo, parada en mi silla, quieta en mi lado más correcto y sensato.

Entonces, Gloria nos preguntó si queríamos ir a bailar y, para todas, fue de agrado la idea. Pasamos andando varias calles hasta llegar a la discoteca. Fuimos juntas a pie, soportamos el frío con mucha alegría. Silvia amenizó todo el trayecto contando chistes, provocando cada dos minutos una contagiosa progresión de carcajadas que retumbaban en aquellas fachadas empedradas.

Las estrellas nos seguían, cómplices de nuestros pasos y risas, y el cielo, ausente de nubes y repleto de miles de lucecitas, me hizo recordar la afición de Lucía a bajar trocitos de cielo unos segundos para narrar su verdadero origen en la historia.

Noté cómo alguien se enganchaba de mi brazo y deseé que fuese ella, pero era Gloria quien me abrazaba con fuerza.

—Por fin puedo hablar contigo —me dijo en voz baja—. Ya no puedo ni preguntarte cómo te encuentras sin que estés escoltada por tu «compañera de lecho».

Sus palabras sonaban enojadas, aunque yo sabía que era más añoranza que enfado.

—Es mi compañera de habitación, no de lecho —recalqué—. Me encuentro muy bien, de verdad.

—Solo digo que pronto voy a tener que ponerte un fax para poder saber de ti, con tanto buen rollo musical.

¿Cómo explicarle a mi mejor amiga que aquella mujer que tanto la irritaba era la sanadora de todos mis males? El hada madrina que, con tan solo su presencia, mermaba mi problema, no dejando rastro alguno de desidia en mi cabeza.

¿Cómo hacerle entender que empezaba a sentir que era algo más que una simple compañera de habitación y que, para mí, no me importaría que se convirtiera en mi compañera de lecho, sin que Gloria se escandalizara? ¿Cómo explicarle que me sentía atrapada, cautiva por un beso efímero, embriagada por sus palabras, atraída por una sonrisa y unos ojos que esquivaba para que nadie descubriera mi adicción por ella? Una mujer a la que conocía desde hacía solo un día y con la que no compartía el lecho. ¿Cómo lo iba a entender?

Quise restarle importancia a su enfado y recurrí al camino más fácil.

—Noto como un cierto resquemor…, como de celos.

—¿Celos?, ¿yo? —dijo Gloria, arrogante.

—No te enfades, mujer —le dije—. Sabes que me encanta hablar contigo. Solo intento ser simpática con tus amigas. Lucía es genial y lo sabes, y Ana también —añadí a Ana para que no sospechara de mi predilección.

—Ya sé que son estupendas —dijo con voz prudente—. Lo que intento decir es que no me gusta que tengas guardaespaldas. Ahora estás muy sola, vulnerable y confusa. Y, además, te aviso de que Lucía es…

Justo en ese momento, sin llegar a terminar la frase, se plantó en medio de la calle y gritó:

—¡Alto, chicas, es aquí!

Todas giramos la mirada hacia una fachada pintada de color lila. En la parte superior del enorme portón de entrada varias luces de neón descubrían el nombre del local: Gramola Disc. Deduje que aquel lugar era el centro oficial de la marcha en el pueblo, por el ruido musical que ya emanaba de su interior.

No supe bien qué intentaba decirme Gloria con tanta protección y advertencia, pues no reanudamos la conversación al entrar en el local. Si su intención era protegerme de que no me hicieran daño, la verdad es que su recelo me dolía más que nada.

Silvia tomó del brazo a Ana y dijo:

—Venga, entremos a mover el esqueleto.

Tiró de ella hacia el interior de la música, y Ana cogió a Lucía, y Lucía atrapó mi mano, arrastrándonos a Gloria y a mí hasta el oscuro local.

Gloria observó el gesto de nuestras manos entrelazadas y, en voz baja, me dijo:

—Luego me negarás que no tienes guardaespaldas.

Opté por reírme de su ironía, restándole importancia, aunque sabía que aquello no quedaría así. No he conocido en la vida una persona más intuitiva que Gloria.

El local estaba completamente lleno. Creo que nosotras ocupamos el único hueco por metro cuadrado que quedaba libre. La gran mayoría de personas eran veinteañeros. Chavales jóvenes que bailaban todos del mismo modo, como poseídos por aquella música ratonera que repetía una y mil veces el mismo ritmo. A nadie le importaba que la melodía careciera de creatividad, todos la bailaban como si fuera la última danza de sus vidas.

Las pocas personas de nuestra edad estaban sentadas en la barra y emparejadas.

Silvia fue la primera en animarse a bailar. Se metió en el bullicio y no tardó en ser poseída por los mismos espasmos y movimientos de los demás. Nos unimos a ella. Cada una, a su manera, intentó seguir aquel estrafalario ritmo, pero yo no conseguía lograrlo. Me era imposible coordinar mis caderas con aquella música tan «chin chin pum», y los empujones de los demás tampoco me ayudaban.

Lucía me miraba y se reía. Supuse que era por mi torpe baile. Se acercó a mi oído para comentarme algo.

—Estas melodías modernas ofenden al oído, ¿verdad?

Es lo malo de entender realmente de música, que todo lo que no lo es, molesta.

—Sí, y mucho —le contesté.

—Pero yo tengo el antídoto —dijo, intrigante.

Era imposible abarcar visualmente todo aquel local, tan grande, oscuro y con tantísimas cabezas por encima de la mía. Lucía y Ana se alejaron de mí y, apoyadas en la barra, me hacían señales con la mano para que me acercara.

Cuando llegué a su altura, después de varios roces, codazos y empujones, me esperaban con una resplandeciente sonrisa y un chupito en la mano. Sin darme tiempo a rechazarlo, Ana ya me lo había entregado. Levantaron los suyos por encima de sus cabezas y, con un gesto vikingo, brindaron.

—¡Por nosotras! —gritaron las dos a la vez.

En una décima de segundo engulleron el líquido del vasito y acto seguido me miraron. Sus ojos expectantes esperaban mi respuesta. Miré el chupito en mi mano, las miré a ellas y volví a mirar el vasito indefenso.

Era un líquido transparente, parecía inofensivo, como agüita de manantial, pero en su fuerte olor se adivinaba su potencia. Me dije a mí misma que tampoco era para tanto. Sentí vergüenza de rechazar algo tan minúsculo. Levanté la mano ante ellas y lo bebí de un golpe.

Se reían orgullosas de la proeza, pero aquella odiosa bebida me quemó garganta abajo y me provocó un escozor en la lengua difícil de disimular. Noté un súbito calor que me bullía en el fondo del estómago y se me filtraba por los poros de la piel.

Volvimos a la pista con las demás y descubrí que me era aún más difícil coordinar los movimientos que al principio. Silvia se separó del grupo un momento y volvió enseguida. Con una señal de sus ojos, nos desplazó a todas a un lado de la pista, dejando atrás el centro y el bullicio.

Con prudencia, lentitud y reserva, nos mostró su secreto.

—Mirad lo que me ha dado una chica en los lavabos.

Abrió la mano, descubriendo su indiscreción. Era un porro, un canuto, un peta; en resumidas cuentas, marihuana. Nos reímos, cómplices de su osadía, y ella lo prendió. Aspiró la primera calada cerrando los ojos, degustando su sabor y, acto seguido, lo puso en mi mano.

—Pruébalo y pásalo —me dijo en voz baja.

Sin darme tiempo a hablar, Lucía se adelantó a mi criterio.

—Nuria no fuma.

Gloria clavó su mirada en la mía y, con sarcasmo, dijo:

—Vaya, no sabía que tu compañera de habitación tuviera poder de decisión sobre ti.

Silvia y Ana me miraron extrañadas. Sabían que ocurría algo, algo que no alcanzaban a descifrar, pero no añadieron nada, a pesar de sorprenderles el comentario molesto de Gloria.

Decidí pasar a la acción sin mediar palabra y demostrar delante de todas mi libertad emocional y de decisión. Puse el cigarro humeante en mi boca y lo aspiré un par de veces, acallando así dudas y comentarios. Se lo pasé a Ana, y ella a las demás, que siguieron la misma tónica de probarlo.

Lucía no hizo comentario alguno, aunque su decepción era palpable.

Gloria no dejaba de mirarnos, mientras disfrutaba de su triunfo y de su parte de cigarro ilegal.

Inerte

Tras unos minutos apartadas de la pista, comencé a experimentar una sensación de energía excesiva, un vigor poderoso; un poder que me arrastraba, me poseía, me elevaba por encima de todas aquellas cabezas. Todos a mi alrededor menguaron y los veía por debajo de mis rodillas; o yo me crecí.

Todo mi campo de visión se centró en un solo lugar, en una sola persona, en un objetivo fijo. No podía dejar de mirar a Lucía. Danzaban alrededor suyo, bella, sensual, cautivadora; todo aquel grupo de gente comenzó a sobrarme y a incordiarme.

Me sentía valiente y atrevida: valiente de aventurar mis sentimientos sin temor; atrevida de acercarme a ella y mostrárselos sin pudor alguno. En mi atrevimiento rozaba incluso la posibilidad de llegar a tocarla, quizás abrazarla.

Mis pasos cada vez eran más lentos, más pesados, y mi propósito empezó a parecer inalcanzable. La música aumentó de decibelios en mi cabeza y sentí latir mi corazón en el centro de mi cerebro. El estómago revuelto me provocó contracciones que me dejaron temblando; me hervían los ácidos por dentro.

Todos aquellos cuerpos y sombras comenzaron a dar vueltas a mi alrededor, incluso el local. Las paredes se movían y el techo subía y bajaba al compás de la música, aquella música que perforaba mi cabeza como si fuesen puñales.

Sentí un mareo, sentí náuseas, sentí… no sé, me sentí fatal y cerré los ojos para aspirar un poco de aire, aire que no estaba en toda la discoteca. Noté unas palmadas en la cara que me dolieron y me atosigaron. Abrí los ojos. Era Gloria, con la cara desencajada, y repetía una y otra vez:

—¿Cómo estás? ¿Te encuentras mejor?

Miré a mi alrededor, estábamos las dos solas en la calle.

—¿Puedes andar? —me dijo tiernamente, palpándome la frente.

—¿Qué ha pasado? —dije, aturdida.

—Te has mareado dentro y, entre todas, te hemos sacado. Ellas han ido a por los abrigos y bolsos.

Sabiendo de antemano que nada de lo que dijese remendaría lo ocurrido, me embargó una enorme vergüenza, una ridiculez trémula, una especie de «mierda, la he cagado» sin arreglo alguno.

—Lo siento, os he aguado la fiesta.

—No digas tonterías, Nuria. Sabes perfectamente que la discoteca era pésima, no nos hemos perdido nada. ¿Has bebido algo? —me preguntó, muy preocupada.

—Sí —dije con franqueza.

—Joder, Nuria, sabes perfectamente que en tu situación no debes probar el alcohol —me recriminó.

—Lo sé. Solo quería divertirme y olvidar por un instante mi… mi problema.

Entonces me habló como una profesora de matemáticas enfadada, como si llevara semanas sin entregarle los deberes.

—No quiero que vuelvas a probarlo. ¿Me oyes, Nuria? No bromeo. Como vuelvas a beber, yo te… te mato. ¿Me comprendes?

—No te va a hacer falta matarme —le dije mirando al suelo—. Solo hay que dejar que mi problema siga su curso. No creo que se demore.

Fijó su mirada en la mía y, durante un instante, el tiempo se paró, creando entre las dos una pausa fría como el hielo. Sus ojos se tornaron cristalinos y me miró triste, derrotada, con compasión. Se aferró a mi cuello, me abrazó con fuerza y, casi sin dejarme respirar, me dijo al oído:

—No vuelvas a decir eso nunca. Esto va a acabar bien. No te quiero volver a oír decir eso nunca más.

Pero las palabras son, a veces, tan pequeñas para un problema tan grande, que nada de lo que me dijese doblegaría mi sospecha de entrever un final no deseado para nadie.

Cuando las chicas salieron del local, nosotras fingimos saber el motivo de mi indisposición: «un corte de digestión». Ellas aceptaron con credibilidad el diagnóstico, aunque algo extrañadas. Le había pedido a Gloria que no les contara nada sobre mi problema y ella había aceptado.

Hicimos el trayecto hasta el apartamento de Gloria muy pausado, sin prisas, a paso lento, pero ante la atenta mirada de todas hacia mi persona.

Tras mi dosis de barbitúricos, me deslicé entre las sábanas, como un pez escurriéndose entre las olas del mar. Acurrucándome, intenté fortalecerme cerrando un segundo los ojos, buscando algo de estabilidad en la cabeza. Debí quedarme dormida durante un instante, pues me sorprendió descubrir a Lucía sentada a mi lado, al borde de la cama, tocándome la frente y hablándome con suavidad.

Me parecía maravilloso tenerla tan cerca, como la primera noche. Toda la tormenta, truenos y relámpagos de mi cabeza se apaciguaban a su vera. Supuse que las pastillas ayudaron también, pero yo prefería creer que era ella quien me curaba.

—Creo que tienes algo de fiebre. ¿Te encuentras mejor?

—Sí, algo sí. Siento mucho que nuestra escapada nocturna acabara así —le contesté.

—Me asusté mucho al verte en el suelo —me dijo, acariciándome un mechón de pelo—. Ahora entiendo por qué no bebes ni fumas.

Quise apaciguar la conversación riéndome de mi propia situación, pero en verdad me costaba hasta sonreír.

—Estoy segura de que, en ese momento, no tenía ni tan siquiera un ligero parecido con Julia Roberts —le dije.

Adiviné un ligero gesto en la comisura de sus labios que ni siquiera llegó a ser sonrisa. Sin añadir nada, se levantó, se acostó en su cama, apagó la luz y me dijo en voz muy tenue:

—Intenta dormir algo. Mañana estarás mejor.

Me sentí culpable, culpable por haberles hecho pasar a todas por aquello. No sabía qué añadir ni qué hacer para enmendar lo irreparable. Antes de que el sueño nos arrastrase, volví a mencionar su nombre.

—Lucía.

—Dime —me dijo afablemente.

—Siento mucho lo de tu padre.

Durante unos segundos se quedó en silencio y creí haberla dañado aún más, me sentí miserable; pero, tras una pausa, retomó la palabra.

—Gracias, Nuria. Te hubiera gustado conocerlo, era un tío genial. Musicalmente hablando dejó cosas que algún día te mostraré.

Volvió a hacer una pausa de varios segundos para terminar diciéndome:

—Duerme, Nuria. Duérmete, que cuando duermes el daño es inerte.

¿Inerte? Inerte. Aquella palabra golpeaba mi mente una y otra vez. Cobraba tanto sentido, una simple palabra en mi vida, en mi corta vida. Me preguntaba si algún día, alguna mañana inesperada, me sorprendería a mí misma en otra vida, en otro mundo, en otro espacio, inerte, esperando mi sitio, mi purgatorio, mi cielo, mi infierno, sola. Sola en mi realidad inerte, sin despedidas, sin abrazos, sin amigos, sin familia, sin mi guitarra…, sin Lucía.

¿Arrastraría a mi alma conmigo a esa otra vida o, por el contrario, se quedaría en esta, vagando como una lacra al lado de la persona amada? Ocupando y acomodándose en otro cuerpo, esperando paciente ser descubierta por el alma por la que ha suspirado. ¿Podré yo vivir en mi eternidad inerte, o más bien morir, sin mi alma..., sin Lucía?

A la mañana siguiente desperté con la cabeza abotargada. Todo era confuso. El mal sabor de boca y la resaca no me dejaban recordar con claridad la noche anterior.

Abrí los ojos al sentir movimiento a mi espalda. La habitación estaba en penumbra y la poca luz existente entraba en forma de hilillo a través de la persiana entreabierta. El espejo del armario volvió a ser espía mudo, cómplice de mis más oscuros deseos, pero aquella mañana fue distinta a la anterior y la suerte se tornó propicia a mi favor.

Lucía, ya despierta y de pie junto a su cama, se reflejaba en el espejo con el torso completamente desnudo. Sus pechos turgentes urgían las telas calientes que, con dificultad, buscaban sus manos en la oscuridad.

Al espejo, clavados mis ojos como puñales, inmóviles, mudos, perplejos ante tanta belleza hurtada.

Ella ponía gran hincapié en no hacer el más mínimo ruido, ajena a mi quietud acechante y embustera. Se despojaba de su ropa de noche, colocándose otra de más abrigo, palpando con las manos las prendas escogidas, evitando encender la luz, igual que lo haría una persona carente de visión.

De repente, se abrió la puerta, dejándome completamente deslumbrada. Una luz blanca, brillante, se clavó en mis pupilas como agujas, cerré los ojos y simulé somnolencia.

Unos pasos se acercaron a la cama y me tocaron la cara. Abrí como pude los ojos. Era Gloria, con aspecto dulce y despejado. Hablamos de mi salud y la convencí de que no debía levantarme, que me repondría mucho más en la cama que con un buen desayuno, que seguramente terminaría vomitando.

Lucía, muy cortés, salió de la habitación, nos dejó que habláramos con mayor libertad.

Le pedí a Gloria, le rogué, le supliqué que no se quedaran en casa por mí, que por favor llevara a las chicas a visitar algo bonito mientras yo me quedaba descansando. Si algo necesitaba mi cabeza, y mi humillada persona, era silencio y quietud durante horas.

Ella comprendió perfectamente mis súplicas y se fueron sin mí a pasar el día por ahí. Se despidió con un «hasta luego», no sin antes asegurarse de que siguiera a rajatabla todas mis pautas médicas. Pasé gran parte de las horas como en un ensueño, medio despierta, medio drogada, sin tener apenas fuerzas para abrir los ojos, abatida completamente y envuelta en una especie de malestar extraño y tortuoso. Solamente en los pocos instantes de lucidez, esforzándome muchísimo, pude pensar en Lucía. En un par de ocasiones soñé con ella, pero fue algo fugaz y borroso; no recuerdo bien su contenido.

En varios momentos sonó el teléfono. Mis padres, a los que mentí nuevamente al no revelarles nada de mi recaída y fingiendo una vivaz energía que se creyeron, ajenos a mi estado febril. Mi marido, al que no me acostumbraba a llamar «exmarido» y al que no me molesté en contestar. Y Gloria, que, sintiéndose culpable y preocupada, llamó en distintas ocasiones.

Nada más colgar, me arrastraba la debilidad a volver a acurrucarme bajo las sábanas, sin poder evitar ese hipnotismo de ensoñación y debilidad.

Las chicas regresaron al atardecer, muy contentas y alborotadas. En la comodidad oscura y cálida de mi cama, las oí entrar como una jauría. Mi tranquilidad había llegado a su fin y debía levantarme para compartir algo del día con ellas. Aunque mi realidad era que solo deseaba fervientemente ver a Lucía.

Enseguida la puerta de la habitación se abrió y la luz encendida del pasillo entró como un fogonazo, volviendo a perforar mis pupilas. Sabía que la preocupación de Gloria se haría presente en el mismo instante en que volviera. La puerta se cerró nuevamente y todo quedó en silencio y a oscuras. Preferí manifestar mi despejada mejoría.

—Acércate, estoy despierta —dije.

En la oscuridad completa, unos pasos avanzaron hasta el borde de mi cama y, al sentarse, le dije:

—Me encuentro mucho mejor y voy a levantarme.

Su mano izquierda se posó en mi frente y acarició con ternura mi sien hasta llegar a las mejillas. La derecha tocaba mimosamente el pelo de mi nuca, deslizándose con timidez por mi cuello hasta alcanzar la garganta. Su masaje me pareció muy estimulante y lo disfruté con los ojos cerrados. La yema de sus dedos palpó con suavidad y lentitud todo el contorno de mis labios y, entonces, abrí los ojos de par en par, abrumada, pues me descolocó completamente que Gloria me obsequiara con tanta sensualidad desmedida.

Sentí su respiración a centímetros de mí y su aliento rozaba la piel de mi cara como una brisa tenue al borde del mar. Pero fue su perfume el que me reveló que no era Gloria quien no me hablaba.

La puerta se abrió de par en par y la luz se encendió acto seguido. Gloria nos miraba en silencio desde el quicio de la puerta. Me observó unos segundos sin añadir nada, con mirada desconfiada y recelosa. Sin girar la cara, solamente con un ligero movimiento de ojos, miró a Lucía, que se había levantado bruscamente justo en el instante en que el pomo de la puerta había girado para abrirse, se había quedado de pie a mi lado, como en suspensión.

Me volvió a mirar. Miró a Lucía. Nuria. Lucía. Nuria…

Intenté arreglar aquella situación tan extraña e incómoda y clarifiqué diciendo:

—Le decía a Lucía que estoy mucho mejor.

—Y va a levantarse —dijo Lucía al momento, corroborando mi mejoría.

—Ya..., ya veo —dijo Gloria con desconfianza—. Pues te preparo algo caliente para cenar, ¿vale?

Salieron las dos de la habitación sin dirigirse la palabra y me quedé sola, sin saber qué ponerme y con una duda indescifrable sobre lo ocurrido minutos antes.

Al entrar al comedor miré hacia la mesa. Solo había un plato con comida, un enorme tazón de sopa humeante. Deduje que era mi exclusiva y suculenta cena y me adelanté para ocupar mi asiento ya asignado.

Todas se dirigieron a mí, atentas e interesadas en mi salud. Tras la explicación previa a sus amables preguntas, me senté en mi sitio a esperar que las demás me acompañaran.

Al instante entró en la sala Gloria con un par de platos de comida, mucho más jugosa que la mía. Me dirigió una leve sonrisa, alegrándose de mi mejora y de mi presencia allí. Las demás pusieron los cubiertos, platos y bebidas, completando así la mesa.

Me quedé quieta, en silencio en mi asiento, advirtiendo de reojo cómo Gloria se separaba unos pasos hacia atrás, esperando a que cada una eligiera su sitio en la mesa.

Lucía se apresuró a sentarse a mi lado y me regaló una dulce mirada mientras me decía:

—¿Todo bien?

Asentí con la cabeza y bajé la mirada, incómoda, ruborizada por completo, sabiendo perfectamente que Gloria nos estaba mirando, implacable, acechando nuestros movimientos, intentando adivinar algo entre nosotras, inexistente. Me sentí débil, inquieta y pequeña al percibir su desconfianza y vigilancia. Me noté como descalza en un suelo de cristales rotos, ante el filo cortante de su mirada, ante una especie de celos enfermizos que ni siquiera yo comprendía. Sabía que esperaba captar entre nosotras un hilo de algo, un idilio, un romance, algo que solo vivía en su absurda sospecha.

Gloria se sentó la última a la mesa. Quise mirarla, pero me prometí varias veces no hacerlo. Finalmente levanté la vista con tiento, lentamente, atendiendo a las palabras de Silvia, disfrazando la mirada para poder ojear disimuladamente a Gloria, que, desafiante, buscaba la mía, esperando clarificar sus dudas y reclamándome una explicación.

Silvia contaba con detalle la excursión que hicieron aquel día a un pequeño pueblecito totalmente edificado en pizarra y piedra. Gloria les había mostrado la iglesia, un reducido edificio románico con su campanario restaurado. Todas hablaban alucinadas del grabado de figuras y rostros que lucía aquel sencillo retablo del siglo XI, tallado en madera, que se alzaba en la bóveda más alta y central de la iglesia.

Con una voz templada, Lucía se dirigió a mí, como intentando, con su tono leve, no romper el fino hilo que me unía a mi carente apetito, a mi casi renuncia a volver a levantar la cuchara llena de sopa.

Seguí comiendo a mi pesar. Preferí eso a una descomunal reprimenda por dejar el plato lleno.

—Me ha dicho Gloria que no te gustan nada las iglesias —me comentó Lucía.

Me sorprendió el interés de Gloria por contarle cosas de mí a la persona que, se suponía, la irritaba por manifestar su «desmedida afiliación» hacia mí.

—No me molesta para nada el edificio en concreto, más bien los que viven dentro —le dije sinceramente—. Si Dios está en todos los sitios, en todas las cosas, ¿para qué grandes templos y majestuosas catedrales? Si él te puede ayudar en cualquier lugar, en el mercado, en la biblioteca, en la piscina… Creo que no se necesita derrochar edificando algo estrambótico para, simple y únicamente, pedir con humildad un poco de amparo. Me parecen lugares muy cultos y bellos para visitarlos, pero me molesta la hipocresía de quien los mantiene en pie.

Improvisé un discurso que Lucía escuchaba con atención y convicción, mientras yo no podía dejar de pensar lo guapa que estaba aquella noche y cuánto la había echado en falta durante el día.

Silvia colocó un par de velas en el centro de la mesa, creando una luz más tenue y acogedora. Con el reflejo de aquella pequeña llama, los ojos de Lucía se tornaron de un verde oliva oscuro. Con el pelo mojado y peinado hacia atrás, su cara lucía más brillante y despejada. Sus labios carnosos, perfilados de carmín, dibujaban una prominente sonrisa que me dejó totalmente hechizada.

Tras los cafés, me ausenté un instante a mi habitación para tomarme las pastillas. Las puse todas en mi mano y las miré un segundo.

«¿Por qué tengo que tomármelas?», me pregunté. Sabía con certeza que Lucía era quien anulaba mi problema, lo disipaba. Sus palabras amainaban el dolor como en una dulce melodía. Su voz me inducía al sueño y a la sanación. Toda dolencia se desvanecía a su lado. Y, tras aquella noche, ¿quién sanaría mi problema?

Al día siguiente, cada una partiríamos hacia nuestras respectivas casas, siendo aquella noche la última cena junto a las chicas y Lucía. Aquel pensamiento me atormentaba. Pensar que posiblemente fuese la última vez que la vería comenzaba a agobiarme o, más bien, a aterrarme.

Me tomé las pastillas todas de una vez e intenté serenarme, sentándome en la cama abrazada a mi guitarra, pues no hay tristeza sin canción.

Sol Sol7 Do
La última cena para los dos,
Sol Do
pero esta noche moriría por vos.

Levanté la vista y, al abrir los ojos, me sorprendió la presencia de Lucía, apoyada en el marco de la puerta, escuchando mi lamento musical.

—Vaya, esta canción me gusta mucho más que la que me dedicaste la otra noche —me dijo, mordaz—. Podríamos ir juntas algún día a ver un concierto, ¿sí?

Con una sonrisita de asombro le contesté que volver a vernos con música estaría más que bien. Pensar que, después de aquella noche, pudiera haber otras más para ver a Lucía me hizo sentir mejor, aunque no duró.

La tristeza, por momentos, me envolvía sin poder desenredármela. Saber que, tras aquel día, no quedaría nada de mi compañera de habitación me martirizaba. El fantasma de su partida me recordaba cada instante que la mañana siguiente sería la última que amanecería junto a ella y que, después de aquellos días vividos en el apartamento de Gloria, nada volvería a ser igual.

Todo aquello me hervía por dentro. Sentí coraje, rabia por no poder eludir el final, lástima de mí misma por no hacer nada que pudiera cambiar aquel fin.

La última noche

¿Y qué podía hacer yo? Yo, que no era nada para ella, que tan solo giraba alrededor de su vida, exactamente igual que un satélite a miles y miles de años luz, sin poder rozar su estela, sin siquiera poder llegar a soñar su amor. Yo, que no podía ofrecerle un futuro y que carecía de tiempo, anhelaba el suyo. Sin todavía perderla, ansiaba sus horas, sus días, mucho más que poseer yo misma más horas, más días, más tiempo.

La última noche la pasamos en el apartamento de Gloria. No salimos. Nos acomodamos en el salón, con una copa en la mano y atrincheradas en el sofá. La mía era de zumo. Hablamos de las familias de cada una, de alguna que otra batallita del trabajo, de la capa de ozono y hasta de salvar a las ballenas. ¿Qué podíamos hacer de provecho cinco chicas medio borrachas y perdidas en un pueblecito de montaña?

Decidimos acostarnos algo más pronto, pues al día siguiente, temprano, habría que recoger todo y cada una marcharse a su respectivo hogar.

Al salir del baño, después de un buen cepillado de dientes, me propuse como principal objetivo cerrar los ojos y olvidar aquel día tan melodramático para mí.

Parada en la puerta de mi propia habitación, medité el dilema: si llamar o no antes de entrar. Si lo hacía, mi acción quedaría muy discreta y educada. Pero, si me saltaba las normas, cabía la remota posibilidad de pillar a Lucía de forma indecorosa, sorprendiéndola a medio vestir, intentando tapar su pudor con las palmas de las manos y yo, tunanta, pidiendo perdón por mi entrada, con los ojos bien atentos, acechantes de depredador.

Toda aquella chispeante probabilidad me mantenía palpitante, en un subidón de emoción, dándome un pasaporte hasta la luna de euforia.

¡Maldita sea! ¿Quién quería ser políticamente correcta la última noche?

Abrí la puerta de sopetón.

Lucía, apoyada en el borde de la ventana abierta, estaba fumando un cigarro. La suerte no me era propicia y mi decepción, unida a mi cara de tonta, extrañó a Lucía, que me miró con rareza.

Cerré la puerta y, a pesar de que entraba un frío que pelaba a través de la ventana abierta, la acompañé, arrimándome al margen de la ventana.

—¿Cuándo vas a perder esa mala costumbre de oler a cenicero? —le dije descaradamente.

Sin mediar palabra miró al infinito, repleto de silencio y con mil antenas que rasgan el cielo gris. Aspiró el cigarrillo y, tras unos segundos, soltó la calada al exterior, que se disipó lentamente en el viento.

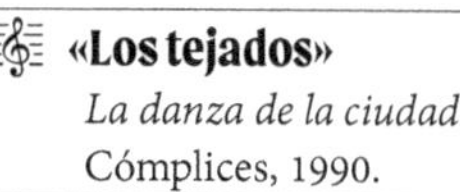

—No quiero marcharme —dijo, sin contestar a mi pregunta.

Me quedé inmóvil mirándola, percibiendo cómo una extraña oleada de tristeza me erizaba la piel. Me transmitió su melancolía al instante, bloqueándome cualquier posible palabra ocurrente. Solo ella cortó el silencio que nos distanciaba, añadiendo:

—Fumo muy poco, solo alguno cuando estoy nerviosa.

¿Nerviosa? ¿Qué era lo que la ponía tan nerviosa? ¿Nosotras?, ¿este lugar? ¿Quizá yo? Qué más quisiera ser yo el motivo de todas sus inquietudes. Después de la confesión que acababa de hacer, ¿a quién le importaba ahora su nerviosismo? Quería seguir aprendiendo más de ella, que se abriera más a mí.

—¿Por qué no quieres irte? —le dije, dejando atrás lo del cigarro.

—He estado muy a gusto estos días y odio volver a la rutina y al trabajo cuando lo paso tan bien —me dijo mirándome y posando su mano en mi hombro—. Además, estás tú.

Sentí que las piernas me flaqueaban y la garganta se me secó al instante.

—Eres una tía genial —añadió, y su mano subió hasta mi cuello—. Además de una pecosa guapísima, y tú me...

Llamaron a la puerta, acallando sus palabras. Quitó al instante su mano de mi cuello y, mientras las dos mirábamos hacia la entrada, a mi cara se le adhirió esa expresión de cuando, de repente, te cae un cubo de agua fría sin saber el motivo.

—Chicas, mañana ponemos todas el despertador a las ocho, ¿vale? —Era Silvia.

—Vale, gracias, Silvia. Hasta mañana —dijimos las dos al unísono.

Aún miraba la puerta cerrada cuando me percaté de que la atención de Lucía seguía siendo yo. Aún me miraba. Sentí su mirada clavada en mi nuca y me armé de valor, girando la cabeza para encontrarme con sus ojos, que, de repente, apartó, volviendo a admirar el cielo estrellado, sin reanudar la conversación.

Aproveché su pudor para adorar su presencia en silencio. Sabía de antemano que su mirada no volvería atrás. Observé sus piernas bajo el pijama, su cuerpo, sus pechos, su cuello blanco y estilizado. Sentí deseos de tocarla, de besarle el cuello. ¿Quizá no lo interpretara como un acto sexual? Y todo podría quedar como un gesto amable y sin importancia.

Ella poseía esa forma de actuar que tienen algunas personas, de tocarte, de acariciarte mientras te hablan o te explican algo, sin que pasara nada. ¿Quizá no le moleste? Aunque un beso en su cogote no creo que lo encajara como un gesto infantil.

Yo, que deseaba fervientemente tocarla, abrazarla, acariciarla, no hacía ni el más mínimo acercamiento por miedo al rechazo. Sin embargo, ella, en todo momento y conversación, elevaba su mano a la vez que su voz y acompañaba sus palabras con acciones, de piel a piel, como si de antemano se le hubiera dado permiso.

Volví atrás en el tiempo, en las horas, en los días pasados, y no recordaba haber visto en ningún momento que se valiera de esa misma costumbre con las demás. Eso me hacía sentir valorada, pero a la vez muy confusa. Apoyé los codos en el marco de la ventana, me arrimé hacia ella y, cuando mi brazo se pegó al suyo, le dije mirando a la nada:

—¿Te gusta el mar? A mí me gusta mucho, me encanta el mar, la costa, mojarme en sus aguas, nadar contra las olas, sentir el salitre resbalando por mi piel. El sol, las rocas, el agua, la arena, la fauna e incluso el típico chiringuito, todo me gusta.

»Creo que el paraíso debe de ser como una isla desierta, rodeada por un inmenso mar verde azulado, repleta de arena fina y blanca como el mármol, y un sol cálido, protector y regenerador.

»De niña, siempre veraneábamos en un apartamento en la costa, en una pequeña cala bastante solitaria. A mi padre le encantaba pescar y a mi madre nadar. Yo, sin embargo, habré construido cientos de castillos de arena y atesorado miles de conchas de diferentes tamaños y colores, pues me maravilla bucear. Me encanta dormirme con el sonido del vaivén de las olas, el permanente sabor salado en los labios y esa brisa fresca y húmeda con olor a sirena que lo inunda todo. Es una afición de la que no puedo prescindir. Y lo que más me cuesta del mundo es abandonar una playa para volver a la rutina.

»Es horrible empezar de nuevo en casa cuando has estado en un sitio que te encanta. Entiendo perfectamente lo que sientes.

—Yo las estrellas y tú el mar. No es mala conjunción, ¿no crees? —me dijo, con un brillo en los ojos de niña traviesa.

—No es mala, no, pero solo nos veríamos de noche —dije yo, pensativa.

—No importa —añadió Lucía—. De noche sube la marea y estaríamos aún más juntitas.

»Además, a diario contemplaríamos el amanecer. También nos despediríamos todas las noches con el brillo de la aurora. No es para nada mala despedida, ¿no crees?

¿Intentaba seducirme o solo me lo parecía a mí? Me quedé pasmada, queriendo añadir algo coherente que siguiera la línea de aquella charla, pero mi sorpresa no me dejó dar ni un paso ni añadir nada con un poco de gracia.

Ojalá se hubiera manifestado de alguna manera su costumbre de tocarme mientras me daba conversación. Me habría dado pie a reafirmar mis suposiciones y quizás algo de valor. Pero no supe qué decir. Tiró el cigarrillo, cerró la ventana y se dispuso a introducirse sola en su cama, echando al traste toda posibilidad de que su cielo y mi mar se fusionaran de alguna manera durante aquella noche.

Yo sola, en la frustrada soledad de mi cama, atendiendo a mi ropa de noche, cambiándola por la de día, preparándome para acostarme, pero, a la vez, como un buen «agente secreto», de reojo, espiaba a Lucía.

Ella, quieta, descansando en la suya, observando el techo con veneración, como si de él emanaran recuerdos hechizantes a los que no pudiera dejar de atender.

Me miró para hacerme un comentario.

—A mi padre le encantaba también el mar. —Hizo una pausa, pensativa—. Decía que el movimiento de las olas acariciando a las rocas en la orilla era un perfecto metrónomo natural que poseía la madre naturaleza para inspirar y guiar al artista, e irradiarle la energía de sus cambiantes mareas, despertarle y estimularle la imaginación hacia obras maestras latentes en su mente, las que esperan nacer.

Sentada en el borde de mi cama, escuché sus palabras atentamente y, durante unos segundos, mi mente me proyectó en una playa desierta. Bañada por la luz de luna, envuelta en caricias de arena fina rozándome los pies, y unas olas mansas haciéndome cosquillas al cubrirme los tobillos. Frente a mí, Lucía, extendiendo sus brazos hacia mí, esperando paciente estrecharme las manos, mirándome deseosa, dulce, sonriente; cubriendo su delgado cuerpo con una blusa clara, porosa y transparente, dejando entrever su delicada desnudez.

La voz de Lucía me espabiló de mi sueño transitorio, me despertó impulsivamente. Seguía hablándome de su padre, pero mi mente aún permanecía embelesada en aquella playa. Analicé lo dicho por su padre y reafirmé sus palabras como ciertas. El mar sí que despertaba la imaginación. Lo pensé en propia piel.

—Lo recuerdo horas y horas, tardes enteras practicando, ensayando frente al mar, con su habitual sombrero de paja y su fiel violín perfectamente afinado. Tenía muchos amigos artistas que vivían en la costa, desde escritores a tenores, poetas, pintores, escultores. Aprovechaban la brisa del mar y sus atardeceres para reanudar sus inspiradas creaciones. Todos se abastecían del ascenso de las mareas para reavivar a sus musas y poder perfeccionar sus obras. Estoy totalmente segura de que estará allí arriba, reencarnado en algún pequeño querubín alado, intentando sacarle alguna buena nota a su arpa.

—No creo —dije tumbada en mi cama, mirando el techo que tanto agradaba a Lucía.

Se hizo un silencio sepulcral. Miré hacia Lucía, que, semiincorporada en la cama, me miraba con el ceño algo serio.

—¿Qué es lo que no crees? —me dijo, extrañada.

Me levanté, sentándome de nuevo en la cama. Ella me clavaba su mirada, esperando una explicación. Tragué saliva antes de hablar. Las ideas en mi cabeza iban revolucionadas intentando aclarar lo dicho anteriormente.

—Creo que la base de la reencarnación es… —Las palabras se me aturullaban en la boca—. Su fundamento es volver nuevamente a la vida siendo alguien que jamás fuiste en la otra, alguien totalmente diferente, para enmendar o mejorar lo que hiciste mal en tu vida pasada.

Ella me atendía poco convencida.

—¿Quieres decir que mi padre podría volver de nuevo siendo un simple carnicero? —dijo Lucía, recelosa.

Su interrogación hacía parecer frágil mi reflexión.

—Está claro que no solo somos algo físico. Nuestra propia alma, nuestra energía, siempre queda ahí, en suspensión —dije, temerosa—. Quizás a ese simple carnicero le quede un resquicio, unas pequeñas gotas de esencia de quién fue y, a pesar de su humilde profesión, aún tenga un buen oído musical, aunque en su nueva vida no llegue nunca a tocar ningún instrumento.

Lucía volvió a tumbarse boca arriba y añadió, socarrona:

—No me imagino a mi padre cortando chuletas y, a la vez, escuchando la *Séptima* de Beethoven.

Las dos nos miramos al instante y Lucía soltó una carcajada que retumbó en toda la habitación.

—Bueno, quizá no se dedica a eso en concreto. Podría ser un camionero, un obrero, un pintor o, no sé, ubicarlo en alguien más «pijo», más serio, un agente de bolsa, un político.

—¿Pijo?, ¿mi padre? ¿Político? —dijo, parecía enojada—. Me es imposible imaginarlo amasando dinero o creando una plataforma política heterosexista y conservadora.

—Sí, bueno, pero no todos son unos ladrones y unos mentirosos embaucadores —dije, temerosa.

—Ah, ¿no? ¿Tú crees? —añadió con mirada burlona.

Era imposible no reírse de sus opiniones y las dos lo hicimos con tales ganas que llegué a sentir la mandíbula agarrotada. En sus frases se escondían verdades realistas, aunque con unas gotas de sarcasmo. Me resultaba desconcertante su humor. En ocasiones, no sabía si hablaba en serio o si invitaba a la risa más alocada. Indudablemente, sus burlas me eran indiferentes. Ángel o diablo, yo la adoraba igual.

A la mañana siguiente amanecí con un mal humor poco habitual en mí, aparte de mi dolor de cabeza de costumbre. El día era sombrío y frío y yo me sentí igual que el tiempo, nublada y, sobre todo, lluviosa por dentro.

Apenas nos dirigimos la palabra. Un «buenos días» fue el principio y el final de nuestro diálogo matutino. Recogimos la habitación prácticamente en silencio, guardamos lentamente cada una sus enseres, como si no nos conociéramos de nada.

Quería decir tantas cosas que no sabía por cuál empezar, algo que no fuera discordante con la situación. Cualquier cosa me hubiera bastado, cualquiera que originara una leve conversación con Lucía. Ni siquiera dio resultado el típico «qué mal día hace, ¿no?». Solo obtuve un «sí», rotundo y seco, ni siquiera me miró a la cara.

La lluvia no cesaba en mí. Cuanto más avanzaba la mañana, más se acercaba el final, me sentía cada vez más frágil, triste y desvalida.

Desayunamos sosegadamente, todas juntas en la minúscula cocina de Gloria, como colofón de aquellos días en comunidad. Hicimos balance del tiempo compartido y el resultado positivo fue unánime. Juramos y perjuramos repetir la hazaña y, así, sellamos el encuentro para después de Navidades.

¿Cómo podía esperar tanto tiempo?

Sentí deseos de levantarme y oficiarles en voz alta un mitin extensísimo de todos mis motivos para quedarme allí para siempre; exponer todas mis urgentes razones de por qué no podíamos pasar horas, días, meses hasta volver a vernos. Pero ¿qué podía decir que no sonara estrambótico y con un mínimo de lógica y comprensión?

Opté por quedarme quieta frente a mi café con leche, aun sintiendo la sangre hervir de rabia en mi interior. Obligué a mi rostro a delinear un aspecto comedido y complaciente, que nada tenía que ver con mis desesperados pensamientos.

Bajamos las maletas de Ana y Lucía y las cargamos en el coche. No podía dejar de mirarla. De reojo indagué sus movimientos, como esperando que fuesen similares a los míos. Pero sus gestos eran solitarios, serios y crueles. Y mi aturdido juicio caía sin remedio en un oscuro abismo del que no era capaz de resurgir.

Llegó el momento. Ana se despidió besándonos a todas con el típico «hasta pronto».

Lucía besó a Silvia, abrazó a Gloria y conversó algo con ella. Me congeló la espera y se me hizo eterna; quería mi pequeña dosis de atención, la ansiaba. Las dos se reían elocuentes y, entonces, se giró hacia mí, zanjando así el último comentario con Gloria.

Nuestras miradas se quedaron fijas en el espacio y el tiempo, como imantadas, sin poder desviarlas durante unos segundos. El tiempo se paró y todo a mi alrededor se insonorizó. Así lo sentí yo.

Las chicas hablaban entre ellas, pero yo no las oía. Los coches pasaban cerca, pero sus motores no despedían ruido alguno. Solo podía atender a los pasos de Lucía, que avanzaba hacia mí a cámara lenta.

Extendió su mano derecha y yo la estreché en la mía. Me clavó una mirada severa y me dijo:

—Encantada de conocerte.

Su frialdad me dejó totalmente atónita, petrificada, no pude ni parpadear. Cualquier palabra o argumento fue inútil para mi bloqueo cerebral, permanecí en blanco. Aquella despedida glacial y su mano helada en la mía me transmitieron una lejanía doliente e incomprensible.

Lucía se echó a reír y, tirando de mi brazo hacia sí misma, me dijo sonriente:

—Dame un abrazo, tonta.

Se agarró a mi cuello con desesperación, descongelando con su tibio cuerpo mi corazón, que apenas latía del asombro, aliviando al momento el duro golpe. La estreché por la cintura y dejé que su fragancia me hiciera olvidar por un instante su partida. Se despegó de mí y, mirándome de frente, me dijo:

—¿Creías que no quedaba un cariñito para ti?

—Creí que te habías ya reencarnado en un serio político —le contesté.

—No digas tonterías —añadió socarrona—. Sabes que no me atrae para nada la política, pero sí quedar contigo algún día para hacer un café.

—Claro que sí —dije rauda. Me plantó dos besos, uno por mejilla.

> **«19 días y 500 noches»**
> Joaquín Sabina, 1999.

Sus labios, pegados a mi oído, musitaron unas palabras:

—En la habitación he dejado mi número, llámame.

Aquel dulce «llámame» rebotó en mi cerebro y un agradable escalofrío alcanzó mi alma.

Se despidió de todas con un grito de «¡nos vemos, chicas, un placer!». Ana la esperaba al volante y ella se sentó a su lado. Las despedimos con la mano alzada, como quien dice adiós a un barco que zarpa.

El coche azul metalizado de Ana arrancó y se alejaron lentamente, mezclándose con la velocidad de los demás vehículos que rugían a su alrededor, formando una serpiente larguísima de colores que, en pocos segundos, me privó de alcanzarlas con la vista. Su azul metalizado, empujado por todos aquellos colores con ruedas cada vez más rápidos, me arrebató el arcoíris entero, dejándome solamente los tristes grises y negros en mi mente, cuerpo y alma.

Silvia, Gloria y yo volvimos a subir al piso. Recogimos nuestras cosas y lo cerramos todo a cal y canto.

Antes de marcharnos, me encerré en la habitación que había compartido con Lucía. Apoyada en la puerta cerrada, miré a mi alrededor, intentando encontrar el presente que Lucía había dejado para mí.

El sutil olor de su perfume aún se podía percibir entre aquellas cuatro paredes, recordando una vez más a mi desolada vida su ausencia. La mesita que dividía las dos camas me llamó la atención. El cajón superior estaba entreabierto. En dos zancadas me puse frente a él y lo abrí presurosa, descubrí la nota en su interior: un papel cuadriculado perfectamente doblado.

Lo desdoblé y una letra redondeada y ligeramente inclinada hacia la derecha me hizo coger aire antes de comenzar a leer:

Ojalá nunca cambie
esa forma que tienes de estar en el mundo.
Ojalá que el tiempo
no te cambie.
636 21 8X XX Lucía ♪

«Mi alma perdida»
Pájaros en la cabeza.
Amaral, 2005.

Sus palabras me llegaron muy adentro y repercutieron en mi desconsuelo de no verla. Me guardé su número como un tesoro. Era mi salvavidas, mi única oportunidad, el fino puente que podría unirme nuevamente a Lucía.

El papel desprendía un olor peculiar. Me lo acerqué a la cara y aspiré su aroma, a la vez que cerraba los ojos. Durante unos segundos advertí su presencia física en aquella habitación, como si estuviera realmente a mi lado, susurrándome melodiosamente «llámame, llámame».

Quise creer que había perfumado la nota aposta para mí. No lo sabía con certeza, pero mi añoranza necesitaba creerlo así.

El trayecto de vuelta lo hice totalmente en silencio. Gloria y Silvia no paraban de hablar de mil cosas, pero yo no las alcanzaba a oír, envuelta en mis innumerables recuerdos, analizando todos los momentos vividos en aquellos tres días: sus palabras, su risa, su voz, su torso desnudo y su beso, que se reproducía una y otra vez en mi entendimiento, cruelmente.

La busco

Volver a la ciudad y entrar en mi piso fue, posiblemente, lo peor. Un piso frío, silencioso, lleno de ecos y vacío de calor humano. En ese preciso momento caí en la cuenta de lo sola que estaba.

Romper mi matrimonio tan radicalmente, de la noche a la mañana, me había acarreado un empezar de nuevo casi obligado. Un despertar sin depender de nadie y sin esperar a nadie al final del día; tomar decisiones sin contar con una segunda persona, hasta comprar y cocinar solamente para mí. Aun así, no había llegado a experimentar una soledad creciente, un vacío completo, hasta ese día.

Separarme y obligarme a no compartir mi hogar y mi vida con alguien no me había creado un trauma ni nada por el estilo, pues antes de firmar nada ya me sentía sola y, al hacerlo oficial, solo me supuso estar igual, solo que con papeles. Pero en ese momento, justo al entrar al piso, ahí, cerré la puerta de mi casa y se inundó todo con un frío hueco desolador que antes no percibía.

Las habitaciones parecían más grandes y las paredes más altas. La cama estaba fría como un témpano y ni tan siquiera el televisor me brindaba la compañía no física que antes me bastaba. No puedo dejar de pensarla. Y mi cruel realidad de no verla, saber que no conversaré durante unos minutos con ella antes de dormir, me oprimía la razón y me ligaba a una nostalgia enfermiza con la que no podía luchar, y mucho menos ganar.

Me vinieron momentos, situaciones vividas en los días previos, que viajaron en mi cabeza de allá para acá sin control. Caí en la cuenta de que ella no tenía mi teléfono. Planeé y medité fórmulas para que Lucía también pudiera llamarme. Varias ideas me rondaron, pero no acabaron de gustarme. Pensé en marcar su número y charlar un instante y, de ese modo, mi número quedaría grabado en su móvil, pero mi pronta llamada podría dejar al descubierto mi desesperación y asustarla. No quería parecer vulnerable. Opté por algo menos comprometido: un *guasap* directo y escueto.

«¿Todo bien en el viaje? ¿Habéis llegado sanas y salvas a puerto?».

Respondió. Tardó unos minutos en contestar, pero lo hizo. Mi plan surtió efecto. Ahora sabía cuál era mi número.

«El viaje bien, hemos remado con fuerza y ya estamos en casa. Eres encantadora. Un beso».

Y su beso lejano, inexistente, no palpable, me dolió en la comisura de los labios.

Los días que siguieron a aquellos tres días de puente festivo fueron insulsos y monótonos. Gran parte de las horas las pasaba intentando reprimir mis impulsos, unos impulsos irrefrenables de llamarla, de marcar su número y escuchar su voz. No existía minuto del día en que no quisiera hacerlo, ni segundo en que no me acordase de ella.

Era una lucha encarnizada entre mi más ardiente urgencia de verla otra vez y la antinatura de mi propia condena de no transigir en volverla a llamar, intentando no rozar la locura y actuando con moderación.

Sin poder evitarlo, me paré cada noche a mirar el cielo. Cuando estaba tan oscuro y profundo que ni tan siquiera las luces de la ciudad podían alterar su ébano natural. Cuando el concentrado de estrellas lo inundaba todo, alzaba la mirada a lo más alto sin pestañear, fijando un punto en el infinito, con la ilusión, con la única esperanza, de que una poderosa fuerza sobrehumana transportase mi insípida vida a la suya y poder volver a estar junto a Lucía, nuevamente hablar con ella, verla sonreír; solamente sonreír.

Vivía mis horas anhelando y recordando algo que nunca fue mío, y mis días pasaban lentos, con sus habituales costumbres y manías, sus mismos lugares e iguales momentos, pero ahora los revivía como si no fueran míos, como si la rutina que antes hacía y deshacía a mi gusto no me perteneciera.

Me arañaba el alma cada vez con más fuerza su ausencia y me arrastraba a un laberinto sin salida en el cual siempre volvía al mismo punto, donde esperaba con ansia que esa fuerza poderosa sometiese al teléfono y lo hiciera sonar con la voz de Lucía.

Y, con el alma llena de empeños, la buscaba en cualquier sitio adonde iba. No me importaba la hora ni el lugar: en la calle, en el metro, cualquier sitio me era propicio para observarlo todo a mi alrededor, «como quien mira la vida pasar».

«Todas las flores»
Siete.
Presuntos implicados, 1997.

Todas las caras eran importantes para mí. Cualquier gesto era una excusa para buscarla, como si encontrarla fuese lo más fácil en esta gran ciudad, como si antes de conocerla ya hubiera ocurrido. Jamás había visto antes a esa mujer, ¿por qué tendría que toparme con ella por azar?

Pero, a pesar de mi cruel destino, sumaba todas mis energías y plegarias para que sucediera, e incluso ensayaba nuestro encuentro como si ocurriera de verdad: fingía una enorme sorpresa en el rostro y juraba mil veces, totalmente pasmada, que había sido casual vernos en aquel inventado lugar; como si no llevara días buscándola.

Sentía el corazón crepitar en el fondo del pecho al imaginarme la situación. La vivía en mi mente y la sentía en mi alma como cierta, igual que un creyente cree ver el camino a través de los ojos de Dios. Soy religiosamente creyente en ella.

Pero, parada en un semáforo en rojo, acechaba cada rostro femenino y ninguno de los ojos que miraba y me miraban eran los suyos.

Antes de que mis sentidos descubrieran su notable belleza en este mundo, mi vida era mucho más fácil y llevadera. Todas mis carencias las sustituía con mi afición. No creo que haya manera más auténtica y sincera que dejar fluir la música entre mis dedos, despojándome de complejos e inquietudes, liberando el alma y dándole alas al sentido del oído, completando ese día y mi vida.

Y, sin remedio, sentía que su ausencia no la suplía nada. Todo lo que antes me revivía, entonces perecía en el olvido, tenía que mendigar al cielo un poco de auxilio para que este pobre corazón solitario, que ya no latía igual sin la presencia de Lucía, lograse palpitar como antes, sin esa añoranza doliente.

Al otro lado de la moneda estaba mi guitarra. Me miraba sola, triste y sin vida, apoyada contra la pared. Me miraba, siempre receptiva a mis dedos, esperando mi música para poder hablar. No comprendía su destierro, mi hastío, mi escasa inspiración, mi vaga creatividad. Ya nada me impulsaba a estar en su compañía.

Horas y horas tocándola, persistiendo acordes, inventando arpegios…, ya nada me arrastraba a su mundo, donde siempre había estado protegida, a gusto y feliz. Todo había cambiado, pero la estreché entre mis manos, intenté recuperar algo de lo que tuvimos; todas sus melodías no hacían otra cosa que recordarme mi más doloroso anhelo.

Mi Fa Sol Do
Si tú no estás aquí, no sé qué diablos hago amándote.

Mi Fa
Si tú no estás aquí, sabrás

Sol
que Dios no va a entender por qué te vas.

«Si tú no estás aquí»
Lunas rotas.
Rosana, 1996.

Pero un día sonó el móvil. Su timbre repetitivo se manifestaba insistente, reclamaba mi atención. Totalmente pasiva, por más que se jactara en pitar, no era para nada mi prioridad. Mi vago interés se inclinó hacia el aparato chillón. Mis ojos se abrieron de par en par, sorprendidos: en su pequeña pantalla se iluminaba el nombre de Lucía, parpadeante.

Mi superasombro provocó que casi se me escurriera de entre las manos y mi respiración se aceleró al instante, sentí fluir la sangre por mis venas a mil por hora. Y, por fin, descolgué antes de que se acallara su timbre.

—Hola, qué sorpresa —dije, atolondrada.

—Sorpresa la mía, que pensé que no querías descolgar —me recriminó.

—Sí, mujer, es que no… no lo escuchaba bien dentro del bolso.

—Buenas tardes. ¿Cómo va todo? —dijo ella, airosa.

—Eh…, bien. Trabajando —respondí, bloqueada.

—¿Qué haces el jueves a las seis de la tarde?

—Acabo a esa hora de trabajar. Si es necesario, mis padres son flexibles con los horarios. ¿Qué propones?

—Pensé si te… ¿te apetecería acompañarme a un concierto?

El corazón me iba a estallar de alegría. Íbamos a vernos y quería verme a mí; había pensado en mí para ese concierto. Me sentía halagada y emocionada, y mi voz no pudo disimular mi entusiasmo.

—¿Un concierto? Genial. ¿De quién?

—No es un concierto de música moderna.

—No importa. Sí, sí, dime —dije muy interesada.

—La orquesta donde tocaba mi padre da un concierto en un pequeño teatro. Es más bien una reunión de amigos y familiares para recaudar fondos. Es algo que suelen hacer anualmente y siempre me gusta colaborar. Y este año a mi madre no le apetece ir y pensé que tú querrías, si podías…

—Sí, sí, vale, ¡me apunto! —dije rauda, interrumpiéndola—. ¿Cómo quedamos? ¿Tomamos un café antes?

—Te mando un mensaje el jueves y te digo cuándo y dónde, ¿vale? Hoy todavía no sé si podré salir antes del trabajo. Estoy algo liada con diferentes planos; mi jefe es un poco… acaparador. —La oí reír.

—Me parece bien —le dije, resignada—. Como mejor te vaya a ti.

Se hizo un mutismo de unos segundos entre las dos. Oí su respiración a través de la línea y me pregunté si ella también se sentiría partícipe de la excitación de volver a vernos, igual que yo la experimentaba.

Alocados, hervían mis sentimientos a flor de piel en mi interior. Me apetecía horrores charlar un buen rato con ella. Echaba tanto en falta aquellas conversaciones antes de dormir. Pero aún me perduraba el impacto de su llamada, que interfería, obstaculizando mi hipotálamo, bloqueando mi genialidad y no dejándome articular un comienzo de algo interesante y fluido.

—¿Aún estás trabajando? —dije al azar.

—Sí. Te llamo desde las oficinas. Aún me quedan un par de horas.

—¿Y cómo te va?

¿Qué me importaba a mí su trabajo? Yo solo quería escuchar su voz y alargar aquel momento.

—Bueno…, digamos que desde aquí las estrellas no brillan igual que cuando estábamos allí arriba, en la montaña. Y me imagino que, desde ahí, desde tu trabajo, el mar no se ve ni por asomo, ¿no?

—Edificios, casas, comercios. Es lo único que veo a través de la ventana —dije, melancólica—. El agua solo se ve cuando llueve.

Escuché su risa.

—Supongo que lo que menos tenemos más anhelamos.

—Echo de menos los días que pasamos allí arriba, en el apartamento de Gloria —dijo al momento Lucía.

Quise decir lo mismo en referencia a su persona, pero mi escudo de contención volvió a hacer acto de presencia, acallando mis palabras más sinceras.

—Es verdad, estuvo genial —dije finalmente—. La próxima vez podríamos hacer todas juntas un viaje, algo más largo, de más días.

—Oh, sí, sería fabuloso. ¿A una isla, quizá? —dijo exaltada.

—¿A una isla? —dije yo, con estupor.

—Sí, mujer, a una de estas cercanas que tenemos aquí en España. No a una salvaje llena de cocos y tiburones, sino a una con restaurantes y carreteras —dijo, burlona.

—Ah, ¿una con camas cómodas y agua corriente? —dije yo, hábil.

—¡Exacto! —añadió Lucía con una carcajada en la voz—. La próxima vez intentamos convencer a las demás de todo esto. Quizá les guste la idea —dijo más en serio.

—Seguro que sí —añadí, ya convencida.

—Nuria…

Escuché mi nombre con tono bajito, suave, como un hilillo de voz dulce. Durante unos segundos deseé que sus palabras me hablaran sinceramente, directamente al corazón, sin medida.

—Nuria, nos vemos, ¿vale? Me reclaman por aquí.

—Claro, nos vemos. Espero tu mensaje —dije, atajando.

—Te llamo, un beso.

«Jo…, ¿un beso?», pensé. Cuánto me dolían sus besos no físicos.

—¿Y esa sonrisita?

Miré hacia la puerta. Era mi padre, me observaba con mirada cómplice y una leve mueca en los labios. Aún miraba el teléfono entre mis dedos, reviviendo la agradable y corta conversación con

Lucía. A lo mejor mi expresión, claramente entontecida, incitó su pregunta burlona.

—¿Qué sonrisita? —dije, simulando no saber.

—La de tu cara —recalcó—. La de niña mala, que está a punto de cometer alguna malicia, pero que aún no la ha perpetrado; esa cara. ¿O es amor? —añadió, impulsivo.

Le miré directamente a los ojos, perpleja por su acertada conjetura. Y, mientras se me aproximaba y se sentaba cerca de mí, preferí recalcar su locura transitoria de padre metomentodo.

—No digas tonterías, papá. Sabes que soy una «niña muy buena y correcta» y que tú eres un padre que ve donde no hay —dije con el dedo bien firme.

—¿Y por qué?

—¿Y por qué… qué? —No entendía su pregunta.

—¿Por qué eres tan correcta?

No podía creer lo que escuchaba. Años de «eso no se hace», mil correcciones de «eso no se dice» y, ahora él, el malvado profesor duro e inflexible, me preguntaba a mí por qué soy quien él quería. Era inaudito.

—¿Por qué? Porque me lo habéis inculcado a base de tirones de oreja —añadí, cruelmente.

Hubo un silencio. No parecía que quisiera aclarar ni replicar a mi cruda contestación.

—¿Te acuerdas de tu hermano José? —me dijo con mirada melancólica, atusándome el cabello.

—Me acuerdo, sí, vagamente. Pero apenas recuerdo su cara.

—Eras muy niña, es normal que olvides detalles. Los últimos meses hospitalizado hablamos mucho y en diferentes ocasiones. Se arrepentía de no haber hecho algunas cosas, de no decirlas, de no haber estado. Cosas que hubieran cambiado su vida o, más bien, se la hubieran hecho más agradable. No le faltaban fuerza ni ilusión; solo necesitaba tiempo, lo único que no tuvo.

Su melancolía me erizaba la piel y, de su voz cada vez más tenue, surgían frases más largas y afligidas. Sus ojos tristes y derrotados no me miraban de frente, pero sus manos frías sí buscaron las mías como apoyo. Revelaban un dolor imborrable e incurable. Mis ausentes palabras eran inexcusables, pero me resultaba imposible sumar algo que aliviara su herida. ¿Quizá su cura fuese esa? Hablar. Y dejé que se desahogara cuanto quiso, lo escuché atentamente, sin interrumpirle, volviendo a ser de nuevo la niña buena y correcta que él había moldeado durante años.

—Lo único que quiero decirte y que entiendas —me dijo, alzando la voz y los ojos hacia los míos— es que no te dejes nada por hacer. De lo que tu energía, tu economía y tu pasión puedan abarcar, hazlo ahora. Olvídate un poco de correcciones y de normas. Hazlo todo ya, si puedes, claro.

Nos miramos cara a cara, sin mediar palabra. Su franqueza me provocaba una cobardía contenida que atravesaba mi cuerpo de arriba abajo, como un escalofrío helado. ¿Cómo podía explicarle a mi padre mi reciente homosexualidad y esperar comprensión, cuando yo misma había creído en mi heterosexualidad, forjada en años de matrimonio con David? Tampoco fui capaz de contarle la verdad de mi visita al médico aquella mañana. Era más fácil callar que revelar el mal agüero de mi diagnóstico, que no daba tregua a mi problema. No me apetecía dar malas noticias a nadie. No quería que se preocuparan por mí más de lo necesario. Pero no hacerlo aumentaba mi inquietud y agrandaba la bola de mi cargo de conciencia.

—¿Comprendes lo que intento decirte? —me dijo con tono bondadoso.

—Sí —le contesté, sensata—. Que aproveche ahora, antes de que algo vaya mal.

—Todo va a salir bien —me respondió, apaciguando—. Lo percibo aquí —dijo, golpeándose el pecho con la mano derecha—, en el corazón. Lo siento ahí. Sé con certeza que esta vez todo va a acabar bien. Pero hay que ser realistas y, sea para bien o termine mal, lo que hayas logrado hacer será lo que querías y necesitabas vivir en tu vida.

»Aférrate con uñas y dientes a la vida, a los sueños, al amor. Amárrate con fuerza a lo que te haga feliz, a quien te motive risas y sueños, como si entre sus manos existiera el elixir de la inmortalidad. Busca la eternidad sin descanso en tus acciones y anhelos.

Me dijo todo aquello apretándome las manos con tal fuerza que su alianza quedó marcada en mis dedos. Sus palabras y sus pupilas clavadas en las mías me dejaron boquiabierta. Sentí su intensa mirada penetrando mi córnea, como si a través de ella pudiera encajar más rápidamente su mensaje en mi entendimiento, como si quisiera grabar sus ideas en mí a la carrera para que las usara cuanto antes.

Me besó la frente y me dijo que me quería. Se despidió con un cariñoso «hasta mañana» antes de salir del despacho. Y allí me dejó sentada, envuelta en un mar dubitativo a flor de piel que no podía ordenar ni acallar.

Sentí un deseo irrefrenable de llamar a Lucía, de revelarle real y sinceramente lo que quería que supiera de mí. Pero la conversación con mi padre se repetía una y otra vez en mi cabeza, y no pude hacer otra cosa que echarme a llorar.

Te miro

Me había sorprendido muchísimo la llamada, pero también me había alegrado escuchar al otro lado de la línea la voz de Lucía para invitarme al concierto. Claro que acepté. Los cascabeles de mi alegría estaban totalmente a *full*, impacientes por verla.

La esperé, inquieta, en la entrada del teatro. Hacía un frío polar y soplaba un viento molesto; aun así, la gente se amontonaba en la taquilla para obtener el pequeño papelito de su entrada al paraíso musical, donde eludían durante una hora los quehaceres diarios y recargaban con energía nueva sus oídos y sus almas para comenzar de nuevo, con más fortaleza, la rutina.

La música reúne todo tipo de personas y personajes. No importa la edad, la orientación, el idioma ni tan siquiera el origen. Todos caben en su abrazo si tienen la sensibilidad de intuir lo que transmiten unos compases, de sentir las notas muy adentro. Si lo sentías, eras la persona idónea para estar allí.

La vi acercarse desde la lejanía con un elegante abrigo beige que le cubría hasta las rodillas. Me divisó entre la multitud y me saludó alzando la mano antes de llegar a mi altura. Observé con todo detalle el contoneo de sus pasos, elegantes y pausados, aproximándose hacia mí, lo asocié a una suave melodía. Sus tacones golpeaban los adoquines del suelo y originaban un sutil compás, un dos, un dos, un…, como lo haría un reloj de pared con péndulo perfectamente ajustado.

Al acercarse, su zancada se avivó y yo respondí adelantándome un poco hacia ella. Cambió la frecuencia de su paso, de su melodía al caminar ligera, un dos tres, un dos tres, un… Un delicado vals flotaba y avanzaba hacia mí en la metamorfosis de una bella mujer, con unos ojos verdes penetrantes y una boca tan deseable como inalcanzable.

Me saludó con un enérgico «¡hola!» y dos besos generosos, que yo correspondí por igual. El nerviosismo por verla me estaba traicionando y, en el interior de mi pecho, percibí una especie de taquicardia, como si el corazón necesitara más espacio, como si no me cupiera.

—Uf, casi no llego. Un atasco descomunal no me ha dejado llegar antes —aclaró con rapidez.

Su respiración acelerada me hizo imaginar que quizá mi ansia por vernos fuera también la suya.

—No te preocupes, solo llevo un rato esperando.

La verdad era que llevaba más de cuarenta minutos pasando frío y ya no sentía los dedos de los pies, pero mi calor corporal se reavivó nada más verla. Al igual que lo harían dos ancianos paseando por el parque, entrelazó su brazo con el mío y, amarrándose con vigor, me dijo airosa:

—Aquí hace mucho frío. ¿Pasamos al salón, *signora*?

—La acompaño con *piacere* —le contesté.

Una escalera ancha de mármol blanco, con barandilla metálica dorada, nos llevó hasta las primeras butacas de la platea, a los pies del escenario.

Justo al entrar, Lucía se topó con un hombre de edad avanzada a quien abrazó efusivamente. Su conversación era jocosa y feliz; ambos se regalaban elogios y no disimulaban su afecto y complicidad.

En ese momento, al ver aflorar la felicidad de Lucía, me di cuenta de que, a pesar de estar más acompañada que nunca, me sentía sola mirándola entre la multitud.

Te veo a lo lejos, aventurándote sin mí.
Solo tu figura alivia a mis ojos,
que te buscan sin descanso entre la gente.

Te miro y envidio los abrazos que regalas en mi ausencia
a personas a las que aprecias, a tus amigos, a tus amados,
y no ser yo el hombro donde descanse tu mano afable.

Codicio la cercanía de tus gestos afectivos
y la respiración de tus suspiros,
que se pierden, sin ser disfrutados, en mi boca.

Lucía tuvo el detalle de presentarme al hombre con el que hablaba, don Alejandro. Era un gran amigo de su padre, socio fundador y organizador del evento. En sus gestos y palabras se adivinaba a una persona encantadora, aunque su rostro fuera severo y anguloso, marcado por una clara alopecia. Nos presentó también a su mujer, doña Josefa, que conversaba unos pasos más atrás con un grupo de personas.

Todos conocían a Lucía y se acercaron a saludarla. Me aparté de aquel corro y de su charla, dejándoles libertad para hablar del pasado, del presente y de su padre ausente.

Escuché de fondo las primeras notas afinando los instrumentos y miré al escenario. Las cortinas entreabiertas dejaban entrever a los músicos, ya sentados y pacientes en su orden de colocación. Cada uno ordenaba su atril, sus partituras y daba el visto bueno a su instrumento. Todos vestían de riguroso negro: ellos con traje y corbata, y ellas con vestidos de noche.

El teatro no era muy grande, pero sus butacas y palcos estaban muy bien aprovechados. Las paredes, forradas de terciopelo rojo, ofrecían una sensación de calidez acogedora, de aspecto antiguo. Destacaba, sobre todo, el techo: ornamentado con enormes ménsulas grabadas, larguísimas cornisas blancas y, en el centro, una majestuosa lámpara repleta de pequeños cristales tallados y cientos de bombillas luminiscentes que irradiaban luz hasta cualquier punto del teatro.

Sentí una mano posarse en mi hombro. Bajé la vista de las alturas y me topé con la Lucía terrenal, que, con un gesto de sus ojos verdes brillantes, iluminados por aquella lámpara celestial, me indicó que la siguiera. Abandonamos la platea y subimos por una escalera interior hasta un palco.

—¿Has visto qué detalle? Nos han reservado un balconcito —me dijo, ilusionada.

—Es todo un detalle, sí. Desde aquí lo veremos todo muy bien —respondí, avivando aún más su ilusión.

Ella apartó las cortinas rojizas y se adentró en nuestro palco exclusivo. Se despojó del bolso, del pañuelo que cubría su cuello y del larguísimo abrigo, dejando al descubierto su ceñido vestido, que resaltaba su silueta, su figura: «Dios, estaba bellísima». Elegante, cautivadora, y su nuca al desnudo me parecía tan atrayente como excitante. Como un destello de luz, igual que una ráfaga de viento, me sobrevino en ese mismo instante un recuerdo: la imagen de su pecho desnudo en aquella habitación oscura en la montaña.

—Acércate, mujer, y siéntate, está a punto de comenzar —me dijo, emocionada, girándose hacia mí.

Al mirarnos de frente, me descubrió el espléndido escote de su vestido, del cual tuve que apartar la mirada para que no notara mi acecho. De su cuello colgaba una cadena de plata con un colgante en forma de letra china, a juego con los pendientes. El significado de aquella letra oriental me intrigaba, pero no quise hacer eco de mi observación y no pregunté nada sobre su joya.

Me senté a su lado y el público esperaba expectante, ya en penumbra. En el escenario, el director de orquesta levantaba los brazos dando paso a las primeras notas del concierto. Una exquisita melodía arrancó en los violines y dio paso a los instrumentos de viento y percusión. En su cuarto movimiento, un coro de voces infantiles hizo acto de presencia, dándole un toque más dulce y lento a la obra. Me pareció una composición bellísima y quise hacérselo saber a Lucía. Pero, al mirarla, su semblante era rudo y ausente. Observaba malhumorada e inquieta el tríptico, el pequeño folleto que contenía el repertorio del recital. Bailaba entre sus dedos de arriba abajo, de izquierda a derecha, sin rumbo fijo, al azar, por la tensión acumulada entre sus manos. La música seguía su compás y el melodioso contenido de las notas no apaciguaba su intranquilidad.

—¿Va todo bien? —le pregunté.

Su mirada no cambió de posición. Seguía clavada en el papel impreso, haciendo caso omiso al concierto y a mí. No entendía su indiferencia e inquietud y reconozco que me asustó la idea de que quizás estuviera molesta por algo que yo hubiera hecho o dicho. Puse las manos sobre las suyas y se detuvieron al contacto de las mías.

—Lucía, ¿estás bien? —insistí.

Me miró a la cara con una amargura contenida. Del contorno de sus ojos se escurrieron un par de lágrimas, que hicieron un fino camino por las mejillas hasta su barbilla. La tristeza de sus ojos cristalinos se clavó en mi pecho como agujas ardiendo, y mi incapacidad de comprensión nos envolvió en una mudez distante e indescifrable.

Se levantó bruscamente y dio unos pasos hacia atrás, retirándose de cualquier mirada indiscreta que pudiera descubrir sus lágrimas. Desconcertada, la seguí tras las cortinas.

—¿Te importa si nos vamos? —me dijo, de repente.

—¿Irnos? —contesté, pasmada—. Pero si… querías venir, ¿no?

Y justo en ese momento rompió a llorar. Sus lágrimas brotaron sin control, su respiración se aceleró y las palabras se volvieron inconsolables. Nada de lo que dije la calmó ni acalló su angustia y no pude hacer otra cosa que abrazarla, esperando que un gesto ayudara más que unas simples palabras de aliento. Reconozco que durante unos minutos fui egoísta y olvidé por completo su dolor, aprovechando aquel abrazo para enardecer mi propio ego, escondido tras el telón de la hipocresía, fingiendo un apoyo totalmente desinteresado, tejiendo una telaraña de amistad, de soporte y afecto, que solamente era una simulación falsa para poder abrazarla y, avivando aún más mi egoísmo, sentir y disfrutar su contacto como lo principal, antes que su necesario alivio.

De camino a mi piso, sus labios siguieron sellados y su semblante fue reservado y afligido. Tardamos solo unos minutos, vivía bastante cerca. Pensé que trasladarnos a un local lleno de humo y bullicio no era lo más indicado para su estado, y mi propuesta de irnos a mi piso, para estar más tranquilas, le pareció correcta.

La hice pasar al salón. Muy educadamente, le pedí que se sentara. Le ofrecí tomar algo caliente para reconfortarla y ella accedió. Un té. Mientras calentaba el agua en la cocina, la voz de Lucía intentaba comunicarse conmigo desde el comedor, pero no oía bien lo que decía.

—¿Cómo se llama?

Entré en el salón con dos tazones de té humeantes, los puse en la mesita frente al sofá y pregunté:

—¿Cómo se llama quién?

Ella acariciaba con sus dedos las cuerdas de mi guitarra, que, tumbada en el sofá, le hacía compañía. Me miró a los ojos y con serenidad me dijo:

—Es tu compañera de piso desde hace años. Cómplice de alegrías y llantos, colega en tus viajes y amiga fiel. Es parte de tu vida. No creo que la trates como un simple trozo de madera. Tendrá un nombre.

Escuché fascinada cómo cada una de sus palabras clavaba con exactitud mi realidad.

—Se llama Dolores —le contesté, sincera—. Han sido muchos días y horas de ensayo, de repetir mil veces el mismo tema, de noches enteras sin dormir componiendo. Eso provoca, aparte de un placer interior, unas rampas horribles en el antebrazo y un dolor en la yema de los dedos terrible. No pude bautizarla de otra manera más significativa. Sin remedio alguno, se llama Dolores.

—¿Y por qué no la haces hablar tocando algo? —La elevó a mi altura y la puso frente a mí—. Tócame algo tuyo, ¿sí? —me suplicó.

Me senté junto a ella en el sofá, abracé a Dolores con desesperación y mi recuerdo voló al mismo instante en que nos besamos por primera vez. Mis manos temblaban y mi mente intentaba clasificar, elegir una canción clave, perfecta, directa para aquel momento, algo que expresara mis sentimientos, que le hiciera entender mis intenciones sin decírselo. Quizás aquella provocación incitara en Lucía la misma reacción que la primera vez que toqué para ella.

Lo deseaba más que nada y afiné con tiento, jugándolo todo a una sola carta, mirándola a los ojos y esperando su beso al final.

Ella bebió un sorbito de su té y en su rostro se reflejó esa expresión que queda tras haberse quemado la lengua. Volvió a colocar la taza en la mesa y encajó su cuerpo en los cojines del sofá. Me miró expectante, relajada y paciente, dándole tiempo a mi exhibición.

Sonaron los primeros acordes y sus ojos seguían con atención todos mis movimientos. Sentí mi corazón martillar mi pecho mientras la música surgía de mis dedos y de mi boca la letra. Pero su cuerpo siguió comedido, quieto en el sofá, escuchando mi canción.

Re
Qué daría por besarte una vez,
La
qué daría por tocarte la piel,
Sol
amanecer arropada en tus besos y,
La Mim Sol
enredada en tu pelo, volver a nacer, volver a creer.
La
Qué pueda ocurrir...
Re
Que bebas de mí...
La Sol
Que bebas de mí.

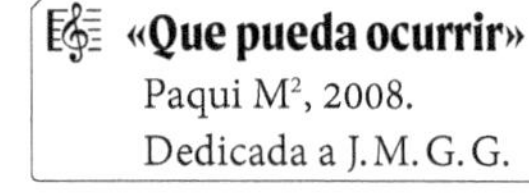

La última nota sonó y la canción llegó a su fin. Su cuerpo, su boca y su beso se quedaron inmóviles, sin la reacción esperada. Lo que tanto deseaba no se hizo real y yo sentí que me apagaba un poco cuando movió los labios solamente para decir:

—Es muy bonita.

—Gracias —dije, sonriendo, fingiendo para que no notara mi pena.

Le propuse enseñarle el piso. Me pareció algo animado, con la esperanza de borrar de su rostro el hastío que aún le duraba. Le gustó la idea y me lo hizo saber con una sonrisa franca. La visita comenzó por el mismo sitio en el que nos encontrábamos, el salón comedor.

—Te habrás percatado al instante del estilo victoriano de esta estancia, ¿no? —dije en tono burlón.

Lucía miró a su alrededor y añadió, elevando la voz:

—Lo he advertido al momento. Resalta el estilo romántico gótico de 1838, mucho sí.

—No, de 1839 —rectifiqué entre risas.

—Perdón, disculpa mi ignorancia. «Del 39», sí, está claro —dijo haciendo reverencias a su fallo histórico.

—Como verás, aquí la decoración ha cambiado —expliqué abriendo la puerta de la cocina—. De la mismísima Francia del siglo XVII, estos módulos blancos estilo rococó, acordes con la pica de barro, de la que emana agua de manantial.

—¿Agua de manantial? —me interrumpió a carcajadas—. ¿No es agua depurada como en todos sitios?

—¿Acaso no me crees? —dije apretando los dientes para no caer en la risa—. Cedida expresamente por nuestro ilustrísimo Luis XV.

Nos reímos las dos. Avanzamos hasta la siguiente puerta, el baño. Al abrirla, Lucía recalcó:

—¿Supongo que el bidé es auténtico francés?

—Por supuesto —dije altiva—. Procedente del mismo siglo XVIII, ¿lo dudas?

Verla sonreír disipaba su tristeza y a mí me resultaba fácil quererla cuando la veía así. Lucía se anticipó a la siguiente puerta y la abrió de par en par.

—¿Y esta de qué estilo es?

La devoré con la mirada. Más que observarla, la diseccioné en partes deseables y adorables, la recorrí entera, desde el flequillo hasta los tobillos, en apenas segundos, me era irresistible no hacerlo. Su vestido y sus movimientos me fascinaban y me resultaban imposibles de esquivar. Su presencia despedía un efluvio tan personal como embriagador; bastaba con que moviera la mano para dar color a cualquier cosa. Contemplar una sonrisa suya era como ver desplegarse un arco iris entero.

Se quedó en el centro de la habitación, rodeada de silencio. Miró suelo, paredes y techo, y se volvió sorprendida.

—La tienes vacía.

—Esta habitación todavía busca su estilo —dije, escueta.

Volvió a mirar alrededor y añadió entusiasmada:

—Podrías montarte un pequeño estudio aquí para grabar tus maquetas, incluso insonorizar las paredes, colgar tus guitarras, poner un ordenador aquí y conectar algún micrófono y también…

Movía los brazos al hablar, como si quisiera dibujar sus ideas en el aire.

—No —dije de inmediato.

Me miró sorprendida.

—En esta habitación, no —repetí más seria.

Asintió y salió sin comentario, cerrando la puerta. Aceptó ver mi dormitorio más por educación que por interés. Unos muebles de caoba decoraban la estancia. La cómoda, las mesitas, el armario, todo en maderas oscuras y las paredes en gris perla le daban un aire clásico y silencioso.

Caminó despacio por la habitación, mirando todo con detalle, como quien observa los trazos de un pincel en un cuadro. Vio otra de mis guitarras presidiendo la cama, pero no dijo nada. Se detuvo frente al armario, acarició las puertas y dijo con voz suave:

—Siempre le oí decir a mi madre que a las personas se las puede analizar viendo sus casas, cajones y armarios.

Y lo abrió de par en par sin pedir permiso.

—Según ordenas tus cosas, organizas tu vida y cabeza.

No dije nada. Supuse que encontró todo correctamente ordenado. Menos mal que el armario no revelaba el desorden de mi corazón. Se giró hacia mí.

—¿Por qué estos estantes están vacíos?

Miré el interior. Todo estaba ordenado por temporadas, pero el lado izquierdo estaba completamente vacío.

—Porque sí —contesté, seca.

El juego terminó en ese instante. Cerró el armario en silencio y cruzó la habitación con gesto molesto. Al pasar a mi lado dijo, sin mirarme:

—Veo que no me vas a revelar el gran secreto de los espacios vacíos de tu casa.

Siguió por el pasillo con un aire orgulloso que acompañaba el contoneo de sus caderas.

—Y tú, ¿me vas a contar qué te ha pasado en el teatro? —le dije, atrevida.

Se paró un segundo a escuchar mi pregunta y, sin mirar atrás, reanudó su paso en silencio hasta el comedor. Me senté junto a ella en el sofá. Lucía rebuscaba algo en su bolso, lo encontró y lo puso en mi mano. Era aquel pequeño papel que tanto volteaba en su butaca.

Abrí el tríptico y en su interior todos los actos del concierto estaban encuadrados por orden. El primer tema para interpretar por la orquesta se titulaba «Lucía». En letra pequeña aparecía el nombre completo del padre de Lucía. La miré avergonzada y arrepentida. Ahora todo encajaba.

—El primer tema lo compuso mi padre hace años —añadió—. Lo habré escuchado mil veces, o quizá más. Pero al volverlo a oír después de tanto tiempo ha sido como remover todos los recuerdos, los sentimientos que guardo para que no duela su ausencia. Todos han salido a flor de piel, arañándome la memoria y el alma. Ahora comprendo por qué mi madre no quería venir.

Bajé la mirada, completamente compungida y muda.

—¿Y bien? —dijo ella, alzando un poco la voz.

La miré desorientada, sin entender su reclamo.

—¿Vas a contarme por qué te prohíbes llenar el lado izquierdo de tu armario?

Quise restarle importancia.

—Es una simpleza. No tiene interés. Son paranoias mías.

No bastó. Sus ojos obstinados esperaban una explicación más clara.

—No sé exactamente si es un cuento, una leyenda antigua o una creencia de alguna tribu con su chamán. Creo que proviene de la India, aunque no estoy segura. —Sus ojos se abrieron, curiosos—. Se trata de anticiparse a lo que deseas. Cuando quieres algo o a alguien, de antemano has de asignarle un sitio, algo suyo, para que ya tenga su espacio cuando se cumpla lo que anhelas.

Lucía me escuchaba, pensativa.

—¿Como comprar las velas un mes antes del cumpleaños?

—No es para que todo salga perfecto, sino para acelerar lo deseado, porque ya tiene un lugar en tu vida.

—Y en tu armario ya hay un sitio para una segunda persona —añadió, prudente.

—Veo que lo has entendido. Siempre he vivido acompañada: de mis padres, con mi marido, incluso en la facultad compartí piso. Odio volver del trabajo y que la casa no revele actividad alguna. El sitio para alguien más ahí está. Crucemos los dedos.

—¿Y por qué no te mudas con tus padres?

Nos miramos y rompimos a reír.

—Perdona, sería peor. No he querido mortificarte —dijo abochornada—. ¿Por qué no alquilas la habitación vacía?

—No. Esa habitación, no.

Guardó silencio unos segundos.

—Entiendo. ¿Esa habitación también forma parte de tu creencia?

—Sí. Siempre he querido tener hijos, y ellos también necesitan su sitio en la casa. ¿No crees que un bebé necesita su espacio?

—Sin duda. Además, creo que un niño ocupa más espacio que un adulto. Si no, espera al día de Reyes.

Reímos.

—No quiero compartir piso. Quiero a alguien que desee la maternidad compartida y que duerma conmigo, no un amigo en la habitación de al lado.

Me miró valorando mis palabras.

—Te dije que era una simpleza.

—Para nada. Hay quien reza para pedir lo mismo. Por lo menos tú haces algo. Otra cosa es que los dioses estén a tu favor. Sin duda más posibilidades tendrías tú, que quien espera un milagro con las manos en los bolsillos.

Sus palabras nos dejaron en una reflexión silenciosa. Lucía comenzó a recoger sus cosas con cierta prisa.

—Gracias por acompañarme y por tu comprensión —dijo—. Siento que no hayas podido ver el concierto completo por mi culpa.

—No tienes que disculparte. Lo repetimos otro día, si quieres.

—Claro. Pero ahora tengo algunos asuntos que resolver.

Por supuesto que tenía cosas que hacer, seguro que había cosas más interesantes que escuchar, toda la noche, las tonterías de una paranoica con la casa medio vacía y la otra llena de guitarras. No creo que Lucía tuviera algún espacio vació en su casa, en su vida, y mucho menos en su corazón.

Me sentí estúpida y ridícula por sentir esos celos extraños por su pareja, por experimentar antipatía de alguien a quien ni siquiera conocía. A buen seguro, fuera una buena persona agradable y especial, con la cabeza asentada y con todos sus espacios llenos y repletos, de Lucía.

Se despidió con dos besos rápidos y en pocos segundos ya bajaba las escaleras.

—Espera, cojo las llaves y te acerco.

—No hace falta, llamo a un taxi.

—No seas así, me pongo la chaqueta y te acompaño.

—*Arrivederci, bambina* —gritó desde el portal.

—*Addio, bella* —dije, apenada, con la certeza de haber dicho algo que precipitó su marcha y con una amarga sensación de remordimiento por no saber el motivo.

Me propuse cambiar. Cambiar de actitud, desechar mi problema de la mente y de la vida, aunque sabía que físicamente era imposible. Deseaba con todas mis fuerzas retomar las riendas, ser dueña de mi propia salud y de mi corazón. Sabía que vivir encadenada a la ilusión de hacer reales mis sueños junto a Lucía me arrastraría a una espiral de suplicio y desamor, de la que no podría salir airosa ni compensada en la balanza.

Me convencí de que merecía algo mejor, a alguien semejante en aspiraciones amorosas, con proyectos compartidos, alguien libre, joven, simpático, soñador, romántico; alguien heterosexual. Creí haberme subestimado durante demasiado tiempo, forzándome a idealizar a Lucía como un objetivo necesariamente recíproco.

Atribuí mi obsesión a la soledad, a la enfermedad, a la falta de entereza, a una voluntad escasa y hasta a una ceguera persistente que apenas me dejaba ver la realidad y obstaculizaba mi propósito de ser un poco, solo un poco, feliz sin necesidad de que Lucía lo protagonizara. Necesitaba liberarme del influjo que ejercía sobre mí, de la adicción a querer verla, del aislamiento que me imponía su ausencia.

Quería alejarme de todo eso, volar lejos, desprenderme de lo que me la recordaba y dejar de sufrir por un amor inexistente que me hundía más de lo que me elevaba. Volver a empezar, con otros colores, con otro rostro, con un latido nuevo que se entregara por igual, y vivir, vivir lo que me quedara, feliz y correspondida.

Autoestima

A la mañana siguiente mi determinación era aún más clara, más firme y positiva. Tenía definido mi nuevo fin, el plan a seguir: excluir de inmediato la infelicidad y renovar mi autoestima emocional como una necesidad vital. Respirar aires nuevos, rodearme de personas que transmitieran energía y valores sólidos, dar y recibir por igual y, sin duda, amar y ser amada.

Me sentía vigorosa y con un nivel de autoestima inusualmente alto. Por las venas me corría un resquemor ferviente, una sed poderosa de torcer mi destino y salir vencedora de aquella batalla. Sabía que no tendría muchas más ocasiones para tener, soñar o rozar algo parecido a la felicidad, y mucho menos si continuaba por el camino que me abatía junto a ella.

Tenía la sensación de estar desperdiciando mi escaso y valioso tiempo, sin aprovecharlo como merecía. No estaba haciendo las cosas bien para mi propio beneficio y solo me quedaba una oportunidad, solo queda una vela encendida en medio de la tarta, y se quiere consumir.

> **«El universo sobre mí»**
> *Pájaros en la cabeza.*
> Amaral, 2005.

Me regalé una ducha de cuarenta y cinco minutos y un desayuno abundante, que después vomité entero, pero que no consiguió mermar mi júbilo elevado. De camino al trabajo encendí la radio, en una emisora al azar. Sonaba una canción contagiosa que me empujó a cantar su letra y a subir el volumen.

Sol Lam
¡Puede ser mi gran noche!

No podía dejar de repetir una y otra vez el estribillo; acrecentaba por mil mi ánimo incombustible.

Antes de entrar en la oficina, donde me esperaba mi pésima secretaria, compañera, amiga y jefa «mamá», me topé en las escaleras con Julián.

Julián Crespo era, básicamente, el mecánico de la empresa, el chico para todo. Se encargaba de revisar, rearmar y reparar una y mil veces las viejas máquinas de papá, que tanto se resistía a cambiar.

Como todas las mañanas, me regaló una sonrisa y un vigoroso «buenos días» que encajaba a la perfección con mi nivel de vitalidad y con la canción de la radio que aún se reproducía en mi cabeza.

Su interés por mí era palpable. Se manifestaba en sus gestos amables, en los encuentros junto a la máquina de café y, sobre todo, en que no lo ocultaba, pidiéndome en más de una ocasión quedar fuera del trabajo para tomar algo, especialmente después de saber de mi reciente separación.

Julián era un año menor que yo. Alto, moreno, con el pelo castaño brillante y unos ojos marrones pequeños que se agrandaban tras las lentes de alta graduación, siempre sostenidas por su nariz prominente, que no afeaba su rostro. Era deportista y tenía un cuerpo fibroso, esculpido por horas de gimnasio. También estaba separado desde hacía años y tenía un hijo de siete años que lo traía siempre de cabeza con sus trastadas. Me atraía su simpatía, aunque no sabía si era producto de su afecto por mí o si era así con todos. En cualquier caso, me apetecía conocerlo mejor.

Aquella mañana era especial. Yo me sentía así, y se la hice especial a él también al responder que «sí» a su duodécima propuesta de salir a tomar algo juntos.

El día elegido fue ese mismo. Quedamos para cenar y, más tarde, tomar una copa.

—¿En serio? —me dijo, me imraba atónito—. Pues genial, hoy salimos sí o sí.

El restaurante lo elegimos entre los dos. Ya sentados en la mesa, decidimos qué pedir. Habían pasado muchas horas desde mi despertar animado y el entusiasmo de las primeras horas se había atenuado. Me sentía más tranquila y la furia por cambiar mi destino estaba apagándose. Aun así, tenía curiosidad por aquella especie de cita improvisada.

Sentada frente a Julián, lo miraba hablar sin escucharlo. Me aislaba en mis pensamientos, arrastrada de nuevo por la melancolía que había esquivado durante el día. Él hablaba de su vida y yo pensaba en ella. Me hablaba de proyectos y yo revivía recuerdos. Derrochaba simpatía y yo estaba pendiente del móvil, esperando que fuera ella quien llamara y me liberara de aquella mentira que me pesaba más de lo que me agradaba.

Miré a través de la cristalera. Los transeúntes pasaban ajenos a mi vigilancia y yo deseaba ser uno de ellos y escapar.

—¿Esperas alguna llamada importante?

—¿Qué? —contesté distraída.

—No dejas de mirar el móvil, como si esperases algo crucial.

—Sí —dije al fin—. Una llamada importante.

—¿A estas horas?

—Sí. Es algo relacionado con… con mi grupo de música.

—Ah, ¿tenéis previsto tocar pronto?

—Bueno…, algo así. Aún no es seguro.

Me miró con incredulidad. Sentí vergüenza por mi torpeza y el rubor me subió a las mejillas. Evité su mirada.

Me ausenté con la excusa de ir al baño. En realidad, no soportaba mi conducta. La estupidez de mis actos no me daba tregua y el dolor en la sien derecha no me dejaba pensar con claridad una salida digna. En el baño me refresqué la cara con agua fría y cerré los ojos unos segundos, intentando ordenar mis ideas. Pero solo apareció su imagen, la cara de Lucía, ella siempre dueña y señora de esta sin razón.

> **«El perfume de la soledad»**
> *La fuerza de la voluntad: grandes éxitos*. David Demaría, 2007.

Repuse fuerzas y, algo más optimista, volví a la mesa. Estaban a punto de traer los postres y, justo cuando me sentaba de nuevo, Julián me dijo:

—Ha sonado tu teléfono.

Miré la mesa. Allí estaba mi móvil, olvidado junto al plato.

—¿El mío? —lo cogí de inmediato.

—Sí, el tuyo. Espero que no te haya molestado, pero he descolgado.

«No me lo puedo creer. ¿En serio? ¿De qué va este tío?», pensé, asombrada.

—Como esperabas una llamada importante, me pareció correcto que no se extraviara y la he atendido.

—¿Cómo? —dije, descolocada—. ¿Y quién era?

—Creo que una amiga tuya. Ha preguntado por ti.

Miré el registro de llamadas. La última era de Lucía. Mierda. Me había ausentado apenas un par de minutos y justo entonces me llamó ella. Sentí rabia.

Julián comenzó a relatarme la breve conversación que había mantenido, pero yo me levanté dejándolo con la palabra en la boca. Marqué el número de Lucía de inmediato. Tras varios intentos no logré contactar; el móvil ya estaba desconectado. Aun así, le mandé un mensaje con alguna excusa torpe, pero insistir no sirvió de nada.

Con una furia contenida que apenas podía sostener, me lamentaba por dentro, atrapada en una impotencia confusa que me arañaba la cordura y me dificultaba respirar. Sentí deseos de salir corriendo y gritar, pero mi propósito de hacer de mi vida algo más racional me mantuvo allí, atada a aquel restaurante y a una cena que se me atragantó.

Comprendí al instante mi torpeza. Aquella contrariedad podía alejarme de Lucía sin posibilidad de explicarme. Presentí un pánico difuso, no sabía a qué, pero dolía como un golpe seco en la cara. Esa sensación me hundía con la misma intensidad con la que horas antes me había elevado.

Y mi corazón empezó a anticipar un suspense que duele, una lejanía tajante, con el padecimiento de una herida abierta que comenzaba a sangrar, derribando en mi mente toda esperanza de reconciliación.

> **«Lobos»**
> *Casa mía.*
> Vanesa Martín, 2025.

Hazlo ahora

Te he soñado en varias ocasiones. Las primeras veces fueron inocentes y sin un patrón coherente. Entras en mis sueños en momentos breves, sin largas frases ni intención clara. Pero una noche, te soñé más allá de las palabras y de los gestos. Te soñé con el alma en llamas, con los labios llenos de besos y el deseo mutuo de abrazarnos piel con piel. Me declarabas tu amor con poemas que citaban mi nombre y me jurabas amor eterno, respirando en mí.

Y ahora vivo moribunda de aquel ensueño, intentando sobrevivir con nuestros pocos encuentros, apurando las migajas de tus mensajes y con la dura censura de reprimir mi necesidad de llamarte a cada instante para escuchar tu voz y tener un poco de ti. A veces me quemas más de lo que me curas y el único antídoto para morir menos es revivir durante el día aquella noche de pasión como si hubiera sido cierta.

Pero la realidad no atiende a razones de amores desbordados y me despierta de golpe, en el cruce de mi verdad, en el momento en que tú giras a un lado u otro, donde nunca eres mía y yo sigo el camino recto de la prudencia, esperando volverme a dormir para hacerte el amor.

En ocasiones quedo con Gloria y Silvia para tomar un café y ponernos al día. No podemos todas las semanas, pero de vez en cuando lo acordamos. Últimamente, sin embargo, estoy desganada. No me apetece salir ni quedar con nadie, pero ellas llevan días reclamándome.

Recibí varias llamadas y mensajes de Gloria a los que no respondí. Vivo abatida desde aquella llamada sin contestación, siempre en estado de espera, crucificada en mi tortura de revivir una y otra vez mi torpeza de aquella noche con Julián, castigándome a la soledad y a la incomunicación por no haber podido hablar con Lucía. Pero Gloria era insistente, como buena amiga, y terminé abriendo por un instante la verja de mi encierro para contestar a sus llamadas. Me pidió que nos viéramos. Rehuí varias veces su propuesta, pero su convicción me hizo ceder. Y ya sentada frente a las chicas en la cafetería acordada para vernos, las preguntas empezaron a acumularse.

«Standby»
Yo, minoría absoluta.
Extremoduro, 2002.

—Últimamente estás muy ermitaña, ¿no? —dijo Gloria con un ligero tono de reproche.

—Es verdad, ya no vienes ningún día al gimnasio —añadió Silvia.

Las dos me miraban con atención.

—Bueno..., últimamente he tenido mucho trabajo —respondí.

—Ayer estuve hablando con Marcos —dijo Gloria.

—¿Marcos?

—¿Cuántos Marcos conoces? —Me clavó la mirada.

—Ah, vale, Marcos, el pianista.

—Sí, tu compañero de banda —continuó con voz seca—. Me dijo que llevas días saltándote los ensayos y que no has pasado por el local.

—¡Hostia! —saltó Silvia—. Para que tú no vayas a ensayar tiene que pasarte algo grave.

El camarero dejó los cafés en la mesa. Gloria no apartaba los ojos de mí, esperando escrudiñar algo. Pronto volvió a la carga.

—¿Cómo fue el concierto del otro día? —preguntó de repente.

—¿Has vuelto a tocar y no nos has dicho dónde? —dijo Silvia, sorprendida.

—No, su grupo no —aclaró Gloria—. Se ha ido a un concierto con alguien muy especial, ¿verdad?

Nos miramos desafiantes.

—¿Tienes ya a alguien en tu vida? —añadió Silvia, divertida—. Siempre soy la última en enterarme.

—No, para nada. Solo me invitaron a un concierto de orquesta clásica.

Silvia apuró el café y se levantó.

—Con lo interesante que se está poniendo esto y tengo que irme. Ya me contaréis cómo acaba.

Se marchó dejándonos a Gloria y a mí en silencio.

—La otra mañana vi a Lucía —dijo Gloria.

Levanté la vista, pero disimulé.

—¿Sabías que ya no tiene pareja?

Mis ojos se abrieron, pero seguí callada.

—Me comentó que ahora estaba muy interesada en una actriz de Hollywood.

—¿Cómo voy a saber yo eso? Hace días que no la veo.

—¿Seguro?

—Claro.

—Solo intento decirte que quizás, en tu situación, no veas con claridad lo que te conviene.

—¿Lo que me conviene?

—Creo que estás vulnerable y que Lucía te ha deslumbrado.

—¿Y tú sabes lo que me conviene?

—Sé que os estáis viendo. Intenté advertirte cuando estuvimos en la montaña.

—¿Advertirme de qué? ¿Es una asesina en serie?

—Claro que no —se apresuró Gloria a aclarar—. Solo digo que veo, que sé, que intuyo que entre vosotras hay conexión, interés, y quizá tomes una mala decisión por no querer quedarte sola.

»Joder, Nuria, ya estas pasando por mucho ahora, no quiero verte sufrir y no quiero que te hagan daño.

—¡Pero vamos a ver! —dije, ya algo amoscada—. ¿Qué interés puede tener esa mujer por mí? Si no tiene novio, ya tendrá otro.

Gloria me miró con seriedad.

—No le he conocido jamás ningún novio. A Lucía le gustan las mujeres. Siempre le han gustado. Y creo que su última ilusión eres tú.

Todo adquirió sentido en mi cabeza. Sentí unas alas revolotear en el pecho, como si los pulmones se me ensancharan y entrara más aire, aire fresco y esperanzador, renovado, que curó mis porques y me indicó el camino correcto: la estela de Lucía.

—Y, si eso fuera así, ¿qué? ¿No tengo derecho a tener un poco de felicidad?

—Claro que sí. Solo digo que deberías cuidarte más.

—Ya me cuido y aun así sufro. Puede que lo mío no termine bien. Puede que mi problema no tenga un buen final.

—No digas eso.

—¿Y si fuera así? ¿No tengo derecho a agarrarme a una ilusión? Pudiera ser la última.

Gloria fijó los ojos en su taza de café, reflexionando. Durante unos segundos meditó mis palabras, luego abrió el bolso, sacó una libretita roja, anotó algo, arrancó la hoja y la puso en mi mano. Miré la nota y la miré a ella. Ella misma, muy serena y calmada, aclaró su acción al momento.

—Panocha, tienes razón. Si vas a ser feliz, no pierdas ni un instante más. Esta es la dirección de Lucía.

Miré el papel.

—No puedo presentarme en su casa así porque sí…

Gloria me abrazó y me susurró:

—Hazlo ahora. No lo aplaces. Hay alguien ahí que te está esperando.

Me falta valor

Le hice caso a Gloria y esa misma tarde me acerqué hasta la casa de Lucía. Aparqué cerca de su bloque y, desde el interior del coche, la vi en el portal de su casa hablando con alguien; supuse que era un vecino. Al bajarme del coche, la verdad, estaba bien convencida y firme en mi objetivo de abrirle el corazón a Lucía y decirle, sin frenos, todo lo que sentía por ella. Pero mis pasos se volvieron pesados, lentos y cobardes; cada vez me costaba más alzar los pies con normalidad y convicción, como si un poderoso miedo tirara con fuerza de mí hacia atrás, haciendo caso omiso de mi corazón, que sí quería alcanzar a Lucía.

La observé a través de la vidriera de la entrada. Avanzaba hacia las escaleras, ajena a mi vigilancia. Se paró frente a los buzones, abrió el suyo y leyó los remitentes de las cartas extraídas.

Ya que mi cobardía no me dejaba hacer ningún movimiento con mi cuerpo inseguro, mi mente llegó a pensar que quizás una carta fuese la solución. Una carta sincera, sentimental, que expresara con claridad mis intenciones y anhelos, que explicara mi urgencia por tenerla, mi necesidad de verla y, por supuesto, mi estúpida cobardía. Deseché la idea al instante; la consideré ruin. Creí que aquello debía afrontarlo de otra manera, no sabía bien cómo, pero con un enfoque distinto, cara a cara.

Alcé la mirada y aspiré con fuerza, recuperando algo de empuje, y al instante descubrí los ojos de Lucía mirándome, sorprendida.

Adiviné el movimiento de sus labios, que me hablaban tras el cristal. «¿Qué haces aquí?», me decía, mientras ya avanzaba para abrirme la puerta. Mi valentía volvió a apagarse al instante y sentí deseos de salir corriendo.

—¡Qué sorpresa! —dijo, voceando—. Pasa, por favor, Nuria, pasa. ¿Sabías dónde vivo?

Y me plantó dos besos.

—No, no exactamente. Te he visto en la calle entrar en este portal y he… he corrido a saludarte —dije, nerviosa.

Me miró desafiante y sus ojos verdes me recorrieron de arriba abajo.

—¿Me estabas siguiendo? —me dijo, achinando los ojos.

Un calor insoportable me recorrió todo el cuerpo; las mejillas me ardían y sentí en mi interior el corazón latir a una velocidad incontrolable.

La luz artificial de la escalera se apagó y Lucía estiró el brazo hasta el interruptor, prendiéndola de nuevo. Aún nos mirábamos, quizá con más intensidad, pero las palabras seguían sin salir, ni de mi boca ni de la suya. Ella esperaba una contestación y yo no sabía cómo explicar mi presencia allí. Recordé, no sé por qué, pero me vino a la mente justo en ese momento, esa frase tan típica de «vale más una imagen que mil palabras», y la puse en práctica en aquel mismo instante, ya que era incapaz de articular palabra alguna.

Avancé tres pasos hacia ella, sus ojos me esperaban, muy abiertos. Sentí cómo una fuerza sobrehumana me empujaba hacia ella, como si una energía dominante emanara de su cuerpo, atrayéndome hacia Lucía sin poder resistirme. Y lo hice: di con convicción el paso, el último paso que me puso frente a Lucía, a un centímetro de su figura. Sus ojos se agrandaron y me miraron con el mismo deseo que los míos a ella. Su aliento acelerado acariciaba mis labios e incliné ligeramente la cabeza para encajar mi boca con la suya, que me aguardaba semiabierta, ofreciéndome su miel.

La luz de la escalera volvió a apagarse. Lucía hizo el gesto con el brazo para encenderla de nuevo, pero mi mano frenó la suya y nos quedamos envueltas en la cómplice y tenue luz que provenía del exterior. Si algo o alguien debía frenar aquello, ese era el momento exacto, pero nada nos entorpeció y todo siguió el camino que ambas queríamos.

Perdido el sentido de la visión, dejé que el tacto, el oído y el olfato guiaran mi objetivo. Su perfume me hipnotizaba y me atraía hacia ella, como una dulce marea que te obliga suavemente, poco a poco, a alcanzar la arena. Como un ciego sin bastón me guie con las manos, acaricié su cuello y toqué su cara; mis dedos rozaron su boca y su nariz. Ella mordisqueó dulcemente mis yemas y sentí su lengua acariciarlas. Oí cómo su respiración imploraba la mía y su aliento me nombraba en silencio.

Uní su boca a la mía sin prisa, como una sutil caricia, y ella me ofreció la ternura que me aguardaba en sus labios. La rodeé por la cintura y el beso se tornó más intenso y pasional. Sus manos se elevaron hasta mi cuello, enredándose en mi pelo; las mías perdieron su timidez y mi boca dejó de ser mía para someterse al injurioso beso de Lucía, del que ya no podía escapar y del que solo quería respirar.

Nuestro beso se vio truncado por un ruido que provenía de la puerta de la calle. En la cerradura se oyó un tintineo de llaves, el picaporte giró y la puerta se abrió, entró una brisa del exterior; acto seguido, alguien encendió la luz del rellano. Interrumpimos al instante nuestra ferviente unión y, con los ojos entornados por la luz, nos miramos envueltas en una especie de suspensión entre el asombro ruboroso y una culminación desafortunada que apenas nos dejaba respirar con normalidad.

Un hombre grueso, desaliñado y muy malhumorado nos miraba extrañado, sin decir nada. Con el pelo largo y gafas anchas, nos observaba parado en el portal con cara de «¿qué coño estáis haciendo?». Lucía cortó la situación, incómoda.

—Ahora que ya tengo las cartas, ¿me ayudas a subir la compra? —Se dirigió solo a mí.

—Claro, claro, sí, sí que sí —dije, aturullada, siguiéndole el juego.

Ambas cogimos las bolsas y nos dirigimos hacia el ascensor. En voz baja le hice un comentario a Lucía que provocó su risa más prudente y silenciosa.

—¿Este tío quién es?, ¿de la Inquisición?

Ella me miró de reojo y, sin apenas mover los labios, dijo:

—Es el «capullo» del segundo.

Las dos giramos la vista hacia él, que aún nos miraba desde la puerta.

—Está solo desde hace años; es un amargado, maleducado, machista, misógino…, y seguro que homófobo también. La mujer y los hijos ya no vienen por aquí.

Lucía accionó el botón del ascensor mientras exponía la biografía de aquel personaje.

—Mi padre solía decir de él que era un moribundo del amor. Él siempre tan romántico y comprensivo, pero yo creo que «capullo» lo describe mucho mejor.

Nos aguantamos la risa como pudimos.

Las puertas del ascensor se cerraron y, ya en su interior, volvimos a quedarnos solas, en una soledad de metro por metro, y no necesitábamos más. Lucía levantó la vista para fijarse en la mía.

—Me encanta que hayas venido a lo que has venido —me dijo, flirteando.

—Ah, ¿sí? —dije, coqueta.

—Sí —afirmó Lucía—, pero odio las cosas a medias.

Nuestros cuerpos ya estaban nuevamente frente a frente cuando yo le planteé a Lucía:

—Y si…, ¿y si proseguimos lo que ha interrumpido el «capullo moribundo»?

Antes de terminar la frase, Lucía ya me besaba colgada de mi cuello. Soltamos de golpe las bolsas de la compra y un par de naranjas rodaron por el suelo, sin hacerles caso. Las puertas del ascensor se abrieron en su planta, pero se volvieron a cerrar, pues nadie subió y nosotras no nos bajamos, muy ocupadas en nuestros quehaceres. Volvimos a bajar ajenas a su movimiento.

Al llegar a la planta baja, ya nos habíamos separado y recogido la compra al oír a alguien al otro lado de las puertas. Se abrieron lentamente y volvimos a encontrarnos con aquel vecino inquisitivo que, con ojos instigadores, nos miraba con aún más rareza, pero esta vez fue algo más educado: nos dio un «buenas tardes», subió y pulsó su piso.

Lucía le devolvió el saludo y subimos todos en silencio. Nos quedamos quietas tras de él, pero Lucía no podía disimular su elevada euforia y su mano furtiva se escurrió tocando la mía. La miré ruborizada, pero sus ojos de niña traviesa me parecían tan imprudentes como atrayentes y recordé las palabras de mi padre, que se quedaron grabadas en mi mente como hierro ardiente: «amárrate con fuerza a lo que te haga feliz, a quien te motive sueños y risas, como lo más necesario, como si entre sus manos existiera el elixir de la inmortalidad». Y no pude hacer otra cosa que estrechar la mano de Lucía contra la mía, con una codicia tan necesaria como desesperada.

El vecino bajó en su planta y nosotras seguimos hasta la de Lucía.

—Lucía, necesito hablar contigo —le dije.

—¿Me ayudas a entrar las bolsas? —me preguntó, ignorando mis palabras—. Le dejamos la compra a mi madre y, si quieres, hablamos —añadió más en serio.

Entramos y su madre salió a nuestro encuentro al oír el portazo.

—¿Lucía, te ha pasado algo? Has tardado —dijo su madre al final del pasillo. Entonces vio que su hija volvía acompañada y el tono de voz se volvió más tranquilizador y afable—. Ah, ¿te has encontrado con una amiga?

—Sí, mami, es Nuria —dijo Lucía, cariñosamente—. Ella es mi madre, Elena.

—Hola, chiquilla —me dijo su madre, abalanzándose hacia mí para darme dos besos.

—Mucho gusto, doña Elena —dije yo, educada y pudorosa.

—Qué guapa eres, niña —me dijo sonriente, y me sujetó la cara con las dos manos. Yo sonreí, modesta.

Aquella mujer bajita y delgada poseía los enormes ojos verdes que Lucía había heredado. Su cabello teñido de rubio y recogido hacia atrás le daba un aire bondadoso y sincero, que transmitía también con sus gestos y su voz.

Entramos la compra hasta la cocina y ella lo agradeció con una sonrisa sincera. Lucía le aclaró que teníamos que hablar de un par de asuntos y nos retiramos a su habitación. Su madre asintió con la cabeza; mantuvo su eterna sonrisa.

Lucía cerró la puerta y nos quedamos a solas en su cuarto.

Me hizo sentar en la silla con ruedas de su escritorio y ella lo hizo a los pies de su enorme cama de matrimonio. Miré unos segundos disimuladamente a mi alrededor. Era una habitación amplia y ordenada. Las paredes blancas estaban vacías de cuadros o de cualquier imagen. Los muebles claros combinaban perfectamente con los colores de las cortinas.

En su escritorio se amontonaban planos, presupuestos y documentos que apenas dejaban sitio para poder utilizar el ordenador portátil. Entre aquella multitud de papeles, pude adivinar un pequeño retrato enmarcado en plata de un hombre y una niña abrazados sonrientes en una playa.

Él, un hombre de unos cincuenta años; ella, una cría adolescente con los mismos ojos verdes de Lucía. Debajo del escritorio, en una estantería, advertí un pequeño estuche negro con cremallera, semiescondido. Supuse que era su solitario violín, algo ya olvidado en su vida.

—Y bien, ¿qué querías decirme? —dijo, finalmente, Lucía.

La miré aterrada. Las palabras se me aturullaban en la boca, no dejándome expresar mi gran deseo por ella. Me sonrió coqueta y me dijo con ternura:

—¿Por qué no me lo dices desde aquí? —Me indicó con la mano que me sentara en la cama junto a ella.

Lo hice, pero mi timidez seguía bloqueando cualquier palabra de amor. Cómo podía haberla besado con la pasión más arrebatadora y ahora resultarme imposible expresarlo en palabras.

Lucía acarició mi pelo y su mano se posó en mi mejilla. El verde de sus ojos, a centímetros de mí, se me antojaba aún más hermoso y cautivador.

—Quédate a dormir esta noche —me suplicó Lucía.

Supongo que mi cara de asombro y mi escasa contestación hicieron que Lucía optara por pedírmelo nuevamente, de forma más convincente, más física. Deslizó suavemente sus manos por mi cuello, con una calma tan excitante como seductora, aproximó su boca a mi oído y, con un tono más tentador, manifestó de nuevo su deseo de que me quedara.

—No tiene por qué pasar nada —me aseguró—. Solo quédate.

Pero su entonación revelaba otras intenciones. Su tentativa era tan contagiosa como irresistible, pero mi irritante bloqueo formaba una barrera infranqueable en mi iniciativa, en mi valor; en esa especie de brío que se necesita en este tipo de ocasiones, en las que dejas a un lado los prejuicios vacilantes y, con determinación, arramblas con todo sin titubeos.

Saber que su madre estaba en las habitaciones contiguas me hacía proceder como una torpe adolescente, cohibiendo mis actos más fervientes. Mi figura de palo de acero, doble e inflexible no daba lugar a un consenso afectivo. Me costaba darme mi propia aprobación para pasar la noche junto a Lucía, tachando miedos y recobrando confianza en sus labios.

Supuse que Lucía intuyó mi indecisión y tomó las riendas del camino. Su camino. Rozó mis labios con los suyos y, sin besarme, con un hilillo de voz me dijo:

—Dime lo que quieres decirme sin hablar y compláceme quedándote a dormir sin decírmelo.

La proximidad de sus labios me hacía arder el rostro y su aliento me acariciaba la piel. Sus manos se tornaron más intrépidas y no dudaron en bucear bajo mi blusa con una minuciosa lentitud que, más que caricias, parecían un delicioso masaje. Un masaje delicado y conciso, que se recreaba con calma en los puntos más vulnerables y sensitivos de mi rendida anatomía; como lo haría, con exactitud, una experta terapeuta oriental, anestesiándome los músculos con tan solo la presión de sus dedos.

Mis manos perdieron peso y, más aligeradas y menos temerosas, codiciaron la misma suerte que las de Lucía. Las posé sobre sus muslos. Ella advirtió la presencia de mi piel y la suya al instante y, antes de besarme, exhaló un minúsculo suspiro de suspensión que nos adentró en un beso ardientemente deseado.

Caímos sobre la cama y su boca lujuriosa me arrastraba sin remedio a su voluntad, con la más sumisa de mis aprobaciones. Sus dedos arañaban mis vestiduras con un enfurecimiento devorador tan efusivo que logró descolocarme por completo, refrenando, en apocado, mi descaro de minutos antes.

Lucía percibió mi retroceso, mi cortedad, y la brusquedad de sus gestos se dulcificó, aplacando de algún modo mi perplejidad. Embriagada con los besos que Lucía me concedía en cuantía, volví a recuperar aplomo y a mis manos les retoñaron nuevamente alas, retomando el vuelo por su piel. Su boca fogosa impedía mi respuesta y su abrazo envolvente me retenía en una prisión hirviente, tan hipnótica como asfixiante.

Noté esa sensualidad ardorosa que desprenden dos seres que se conocen por primera vez a través de la epidermis, esa especie de energía volcánica que irradia la unión de dos cuerpos nuevos, las caricias electrizantes que te proporcionan unas manos con gesto impulsivo, de depredador insaciable.

Aquella situación me excitaba, como también me intimidaba.

Un incómodo muro revestido de fatiga no me dejaba seguir con naturalidad. Me paralizaba una especie de opresión aterradora y todo aquello comenzó a agobiarme, hasta el extremo de experimentar una pequeña crisis de ansiedad.

Me senté en el borde de la cama, separándome ásperamente de Lucía. Las palabras se dibujaban confusas en mi mente. Ella se incorporó a mi lado, en silencio.

—Perdona —le dije, avergonzada.

—Perdóname tú a mí —se apresuró ella a decir—. ¿Quizás esto es… demasiado precipitado para ti?

—No, no es eso —dije, algo desorientada—. Necesito decirte cosas que ya estoy haciendo y me parece…

—¿Mal? —dijo ella con estupor—. ¿Te parece mal lo que hacemos?

—No, claro que no. Es solo que creo que no estoy haciendo lo correcto. Es como si entrara a hurtadillas por la ventana, sin permiso, como si me hubiera saltado algo importante de todo esto y debiera volver hacia atrás para enmendarlo.

»Y necesito..., quiero hacerlo bien.

Lucía entrelazó sus manos con las mías, con ternura, y mirándome a los ojos me dijo con sinceridad:

—Perdona si te he forzado a algo de lo que no estuvieras segura. Siento si te he molestado. Me gustaste desde el primer instante. Siento una atracción por ti de la que no puedo escapar y, al saber que tú también...

De inmediato corté las palabras de Lucía y, exaltada, necesité añadir yo algo:

—A eso me refería. Eso mismo quería decirte yo y, sin embargo, llego tarde y sigo haciéndolo mal.

Ella se echó a reír, con una sonrisa más calmada, y me dijo:

—¿Qué importa quién lo diga? Ya me lo repetirás tú en otro momento. ¿Acaso no nos vamos a ver más?

Yo asentí rápidamente con la cabeza, con un claro «sí».

Ella acercó su boca a la mía y, sin besarme, me dijo en voz baja:

—Pues quédate esta noche y, con la luz apagada, me dices al oído mil veces cuánto te gusto.

Su aliento me convencía, pero mis dudas no me dejaban dar el paso.

—¿Y tu madre no va a decir nada al respecto?

Volvió a reírse, pero esta vez de mí.

—Ella respeta mi espacio vital, que es este, mi habitación. Es una convivencia perfectamente hablada y pactada. Si no pudiera hacer en su casa lo mismo que haría viviendo sola, no conviviría con ella, ni con nadie.

Mientras me explicaba su posición en casa de su madre, comenzó suavemente a desabotonarme los pocos botones que aún quedaban cerrados en mi blusa. Me acarició la cintura desnuda y me desabrochó el pantalón, bajándome la cremallera también.

Me mordí el labio inferior, intentando controlar mi respiración agitada y mi elevada excitación.

Me miró a los ojos y me dijo, mansamente:

—Ella no tiene nada que decir, porque también es mi casa.

Me quitó la blusa, dejándola caer suavemente por mi espalda, deslizándose levemente por mis brazos, como una cascada de agua tibia. Acariciaba mis brazos de abajo arriba, con pausada sensualidad, y cuando llegó a mi cuello yo pronuncié su nombre.

—Lucía.

Lucía se paró en seco para escuchar con toda atención mis palabras.

—Lucía, yo…, yo nunca he estado con una mujer.

Ella paró rápidamente mi frase, colocando sus dedos en mi boca, acallando mi explicación, y me dijo acto seguido:

—Yo tampoco he estado nunca contigo. Y siento el mismo nerviosismo de principiante y, a la vez, imparable, de tocarte por primera vez.

Nuestras miradas se quedaron enclavadas la una en la otra, detenidas durante unos segundos en el espacio-tiempo de nuestra propia reflexión. ¿Qué me importaba a mí toda su experiencia? ¿Acaso soy una niña virginal, una aprendiz casta y pura o, por el contrario, soy una adulta diestra en el arte de dar y recibir placer? ¿Qué es lo que tengo que temer? ¿Acaso no es la misma ciencia, las caricias que yo he experimentado con hombres, como iguales son las que ahora me doblegan, aun siendo manos de mujer? ¿Qué importancia tiene si la boca es de hembra o de varón? ¿Acaso no hay la misma fogosidad en unas y otras? ¿Qué es lo que tengo que temer entonces? Me lo decía a mí misma, tratando de acallar mis propios pensamientos.

Agarré la cara de Lucía con ambas manos y, sin mediar palabra, la besé. Le propiné un beso largo, penetrante y descarado, como nunca nos habíamos besado. La intensidad de nuestra unión labial nos transportó a una profunda adicción por tocar el sumo placer de la otra, a través de la humedad de nuestras bocas, de las caricias posesivas y del comernos con los ojos.

Lucía, en un arrebatador gesto de pasión, se adentró con su mano y sus dedos inquietos bajo mi ropa interior, descubriendo mi más húmeda y silenciosa excitación. No pude por menos que complacer el deseo de Lucía de quedarme a dormir y recordarle, en cada instante, cuánto era mi deseo por ella.

Perfecta armonía

Me levanté con un dolor de cabeza espantoso, la cazoleta me iba a estallar en cualquier momento. La noche anterior me salté a la torera mi rigurosa toma medicinal, impuesta por mi fastidioso médico de cabecera, que se encarga personalmente de recordarme en todas mis visitas a su consulta cuán importante es que no me olvide del protocolo de las tomas.

Por la ventana ya entraba un hililllo de luz mañanera que me dejaba observar con más detenimiento la habitación de Lucía. Miré al otro lado de la cama, Lucía dormía plácidamente y apenas se la oía respirar. Su espalda estaba al descubierto y, con lentitud ingrávida, intenté que no se despertara al taparla.

Al ver su figura tumbada en su propia cama y yo junto a ella, pensé: «¿Cuántas otras estuvieron allí antes que yo? ¿Cuántas tuvieron la suerte de abrazar el cuerpo desnudo de Lucía en el mismo sitio en el que ahora yo descansaba?». Me sobrevino la perforadora duda de no saber con certeza si mi contribución solamente había aumentado la lista de amigas con derecho a roce de Lucía o, por el contrario, había estado a la altura de todas las demás. Pero el único juez y parte que podía dictaminar a mi favor y arrancar de cuajo aquel irritante interrogante dormía a mi lado, en un estado apacible, ajena a mi incertidumbre.

En mi mente se repetían una y otra vez fugaces detalles de los momentos vividos la noche anterior. Las horas de pasión pasadas junto a Lucía todavía me erizaban la piel al recordarlas. La miel de sus labios aún perduraba en los míos, y su piel todavía permanecía aromatizada con las caricias ardorosas y humedecidas que ambas nos habíamos otorgado, empapadas en deseo. El solo recuerdo de sus besos me hacía desearla de nuevo, y sentía el impulso de despertarla, pero no lo hice.

La poca luz que se filtraba por la persiana se proyectaba justo sobre el escritorio de Lucía. El pequeño retrato en el que una Lucía adolescente rebosaba felicidad volvió a ser de mi interés y pensé: «¿Cuánto de aquella niña risueña de la foto aún perduraba en Lucía?». Me eché a reír con una carcajada contenida, contestándome yo misma, pues sabía que aún algo quedaba. Me encantaban sobremanera sus rebeldes momentos de adolescente adulta y sus todavía gestos de niñez.

Volví a sentir ese deseo por abrazarla, imposible de contener. Sigilosamente, sin apenas rozarla, me acoplé a su cuerpo, ciñéndome a su cintura lentamente para no despertarla. Lucía se revolvió en su lado de la cama y se giró hacia mí, con los ojos legañosos, abiertos y algo achinados.

—Buenos días —me dijo, acariciándome la cara.

—Muy buenos días, Lucía —dije yo estrechándola contra mí—. No conocía esta faceta tuya.

—¿Cuál? —dijo Lucía abriendo los ojos de par en par.

—La de… dormilona.

Se echó a reír, contagiándome sus risas. Avergonzada, hundió su cara en mi esternón y sentí su aliento caliente y fatigado en mi piel.

—Qué vergüenza, seguro que llevas un buen rato despierta —dijo Lucía, escondiendo aún la cabeza como un avestruz—. Pensé que ibas a referirte a lo magnífica y diestra amante que soy, y lo único que ha dejado huella en ti, después de esta noche de amor, es esta mañana de agotamiento.

Enredadas entre las sábanas, las dos rompimos a reír a carcajada abierta. Le tapé la boca a Lucía, con la intención de que el ruido que ambas hacíamos no traspasara las paredes de la habitación.

—Ssssh, nos va a oír tu madre —le susurré al oído.

Ella emergió de las profundidades de mi canalillo para decir:

—No está.

—¿No? —dije yo, sorprendida.

—No —reafirmó Lucía—. Sale a caminar todas las mañanas con unas vecinas amigas y vuelve casi al mediodía.

Con la boca abierta, la miré con un gesto de embobamiento casi malicioso y Lucía arqueó los ojos en una clara mueca de travesura y me propuso:

—¿Qué prefieres: salir a desayunar algo o que te muestre que no estoy tan agotada ni dormida?

Miré al techo unos segundos y, haciendo gala de mi interpretación, medité un momento mi respuesta. Con los ojos llenos ya de deseo la miré y le dije, mientras la atraía hacia mí:

—No conozco a nadie que se haya muerto por no desayunar un día.

Y nos besamos raudas, con la misma pasión de la noche anterior.

Nos volvimos inseparables y dependientes la una de la otra. No vivíamos juntas, pero era raro el día que no dormíamos en la misma cama, en su casa o en la mía. Los encuentros eran inevitables y ansiados, hacíamos lo indecible para acabar el día juntas, fuese como fuese. Aquella nueva vida me tenía suspendida en un contentamiento tan eufórico que escasamente rozaban mis pies el suelo; flotaba de tanta felicidad. Vivía enamorada, ilusionada y alucinada por todo lo que estaba disfrutando a través de los momentos, días y horas junto a Lucía.

Me gustaba acariciar su cuerpo desnudo. Su piel de terciopelo se erizaba al contacto con la mía y su abrazo revelaba el deseo mutuo por tocarnos el alma a través de las manos. Sus curvas perfectas y redondeadas me hacían imaginar, equiparar su cuerpo en cueros al de un instrumento musical de cuerda, de aquellos de las grandes orquestas, los que liberaban un enorme «la» al final de cada acto.

Cualquier contacto con ella, fuese abrazo, beso o caricia, todo me parecía musical, o más bien, se transformaba en música. Hacerle el amor era melodioso y dulce, como el sonido de un clarinete, que se tornaba en ocasiones en un creciente «fa» mayor, potente y desenfrenado. Y, como el instrumento que era, había de ser afinado con tiento, con paciencia de pescador, poco a poco, y cuando lo lograba, todo sonaba en perfecta armonía.

«Actriz»
El pan y la sal.
Presuntos implicados, 1994.

Cualquier poro de su piel emanaba una tonalidad en perfecta consonancia. Todas sus curvas poseían una escala, unos compases, un tiempo a seguir, desde su cabello hasta sus pechos, desde sus pechos a sus muslos, su cuello, su espalda..., cualquier parte suya era un cambiante armónico que seguir.

—Escucha, escucha con atención —le dije un día, tumbadas en la cama. Enredé mis dedos entre su pelo, por encima de su oreja, y los deslicé por su nuca—. ¿Lo oyes? Esto sin duda es un «si».

—¿Un «si»? —dijo Lucía, intrigada.

—Sí, sí, un «si» de «si», quiero acariciarte.

—Y tu espalda —le dije, acariciándola de arriba abajo, con suave lentitud—. ¿Lo oyes? Esto es un «la». Sí, un «la» de «la» quiero acariciar siempre.

Donde la espalda perdía su nombre, la agarré con fuerza y rebosé mis manos todas llenas de su piel, estrechándola contra mí y, con convicción, le dije:

—Y esto es un «re». ¿Lo notas? Es un sin «re»medio tengo que acariciarte.

Ella me contestó con un sí cómplice. Supe que le gustaba el juego cuando me susurró al oído, a la vez que me los besaba:

—¿Qué nota de la escala son mis pechos?

Sus manos acompañaron a las mías hasta posarlas en sus senos y, acariciándolos con delicadeza, le dije:

—Un «do» mayor. De ¿«do»nde puedo estar mejor que aquí, acariciándote?

Lucía cerró los ojos a su propia excitación y me musitó al oído dulcemente:

—Y, más abajo, ¿qué nota es?

Resbalé mi mano por su vientre, hasta hundir los dedos en su pubis, los moví en su humedad, como descargas de acordes sin control.

—Un «fa», un enorme «fa» sostenido —le contesté—, de es «fa»scinante acariciarte.

De su garganta se escapó un gemido con mi nombre y noté cómo su boca urgía a la mía, pero antes de unirlas le dije:

—Y tu boca..., tu boca, un «sol» mayor resplandeciente. «Sol»amente quiero acariciarte.

Y la besé con furia, la besé sintiendo cómo todo su clímax musical se escapaba por los poros de su piel, fundiéndonos en una sinfonía de caricias y besos que concluyeron en una suave lírica, agotadora y extasiada, que nos dejó sin fuerzas y sin aliento.

La observaba dormida cuando no me veía, cuando ya no podía verme, cuando apenas distinguía sueño de realidad. Yo esperaba paciente a su somnolencia, acechando sus movimientos, su respiración, su silencio.

Su indefensa quietud me indicaba que comenzaba a abandonar este mundo para entrar en el de los sueños y, entonces, cómplice de su ceguera, aliada de su agotamiento, la observaba dormida durante horas, sin poder evitarlo, sin querer esquivarlo.

Esperaba cada noche ese dulce momento como un ritual, como una oración.

Revivía cada noche esta espera como si estuviera conmigo en cuerpo y mente. Yo lo vivía y lo disfrutaba igual, como si me estuviera mirando, como si me hablara. No quería desperdiciar ni un segundo con ella, ni tan siquiera de sus sueños.

Me pregunto..., ¿soñará conmigo?, como yo lo hago a cada instante, aun estando despierta. La observo dormida, inmóvil, tumbada en la cama, desnudos el alma y el cuerpo.

> **«Te debo este sueño»**
> *Magia.*
> Rosana, 2005.

No podía evitar sentirla tan vulnerable, tan quebradiza, tan bella, expuesta a todo mal, sin protección alguna, y sentía el deber de velarla toda la noche, escudarla de cualquier veneno y defender su sueño como lo más importante y necesario para poder seguir observándola dormir.

Constantemente necesitaba ahuyentar su frío, quererla y ampararla, abrazándola contra mí..., ¿o de mí? ¿Cómo protegerla de las cartas malas que aún no le he mostrado? De mi media mentira y mi peor verdad. Cómo querer ser el valeroso caballero y salvaguardar a la bella doncella, cuando en realidad mi otra cara de la moneda es aversión. El dragón que, sin piedad, le arrancará el corazón, proporcionándole el dolor más horrible, el único carente de antídoto: la ausencia forzada, el adiós sin despedida, la soledad obligada, herida, engañada, perdida. ¿Cómo protegerla de mí misma? Del enemigo que descansa cada noche en su cama, observándola dormir, cuando ya no puede verme.

Una idea retorcida me perseguía, un plan estúpido y, a la vez, lógico para mí, crecía por dentro, en mi entendimiento. Un pensamiento me rondaba, me preocupaba y se me repetía en bucle, robándome la tranquilidad, sin apenas dejarme dormir.

Que Lucía ignorara aún lo de mi problema me inquietaba y me dolía. Ir engordando mi cruel secreto con silencio me hacía sentir horrible y, cada vez, me costaba más disimularlo y mucho más ocultarlo.

Yo nunca le contaba mis visitas médicas y ella me vio en varias ocasiones tomando mis pastillas, pero ante sus preguntas, yo, como siempre, buen capitán del reino de mentiras llenas, lo achacaba todo a mis dolores de espalda, sin contarle la verdad. Ella, ignorante de mis mentiras, me creía a ojos ciegos y, dolida por mi dolencia, terminaba dándome un masaje tierno y reparador.

> **«El artista del alambre»**
> *Gato negro, dragón rojo.*
> Amaral, 2008.

—¿Qué tal? ¿Te encuentras mejor? —me decía Lucía.

—¡Oh!, mucho mejor, si no fuera por tus masajes, no podría seguir otro día. Y a ti, ¿cómo te ha ido el día?

—Bien —dijo, escueta, y cambió enseguida de conversación—. ¿Cenamos algo?

—¿Y solo me dices que «bien»? Esta mañana tenías una reunión muy importante en el trabajo, ¿no?

—Bueno, sí, algo hemos hablado, pero todo va a seguir igual, porque no me interesa el cambio. Me han propuesto un puesto mejor, mejores proyectos y más sueldo. Pero no, está todo mejor como está.

—¿No te interesa que todo sea mejor en el trabajo? No te entiendo, Lucía —le dije, extrañada.

—El puesto de trabajo es fuera de aquí, muy lejos de esta ciudad, y no para unos días, sino para estar lejos muchos años. Y no quiero prescindir de ti, de esto nuestro.

—Espera. Espera un momento, ¿has dicho que no en tu trabajo por mí?

Me invadió una enorme sensación de culpabilidad, como si todo su futuro estuviera en mis manos, pero también sentí deseos de arrodillarme y suplicar que no se fuera nunca. La sensatez me decía que debía convencerla de lo contrario, de que aprovechara aquella buena oportunidad. Sabía que yo no podía dejar tirados a mis padres y machacarme, ni dejar mi trabajo. Pero ella no quería ni hablar de la posibilidad de seguir nuestra relación a distancia. Cansada ya de escuchar mi palabrería, que ya no atendía desde hacía rato, se acercó a mí, me apretó las manos y, mirándome a los ojos, me dijo, sincerándose:

—Nuria, escúchame, no puedo ni quiero esperar a verte de vez en cuando. No me voy a conformar con oírte solamente por teléfono. Nada vale la pena si no puedo abrazarte cada día. No puedo vivir ya sin nada de lo que me das y no quiero renunciar a nada de lo que tengo contigo.

Ella siempre abriendo su enorme corazón para dar rienda suelta a sus palabras más sinceras y amorosas, haciéndome sentir segura y querida, y yo, una mentirosa compulsiva, ocultándole despiadadamente lo de mi problema; era incapaz de dar con la palabra idónea para hacerla sentir la más amada, y me sentía cada vez más indigna.

Pero no podía decirle lo de mi problema, no sabía cómo hacerlo sin hacerla sufrir, y la idea de evitárselo cada vez cogía más forma en mi estúpido plan. Me mentalicé de que dejar lo nuestro era lo mejor, era lo mejor para ella. Si al final lo de mi problema acababa mal, creí con toda clarividencia que, al no estar juntas, ella sufriría menos y lo visualicé como la mejor opción.

Aun sabiendo que perdería su fundamental presencia, mi imprescindible pilar, ella, mi eterna felicidad y el gran amor que tanto me resarcía, decidí sufrirlo todo yo para que a ella le doliera menos. Un día lo planeé todo a conciencia y, al llegar a casa, con toda seriedad, expuse el final de lo nuestro, sin motivo alguno. Con toda la crueldad del mundo le dije que era lo mejor. Ella me miraba incrédula y totalmente pasmada, me pidió explicaciones con mil preguntas sin respuesta alguna. Yo solo quería, a toda costa, evitarle daños que ya me dolían, y le dolían.

De un impulso se levantó. Aturullada y nerviosa recogió sus cosas en un segundo. Su bolso, sus llaves, su chaqueta, todo se enredó en sus muñecas, todo lo abarcó en un abrazo apretándolo contra su pecho, como quien lleva un saco de patatas a punto de rajarse. Se dirigió apresurada hacia la salida, con paso acelerado y firme. Más que pasos, eran zancadas alargadas y sonoras.

Seguía despotricando palabras ofensivas hacia mi persona, hacia mi desconfianza, hacia mi poca delicadeza, hacia mis crueles e incomprensibles razones y motivos para provocar aquella situación. Nada. Nada me dolía. Todo estaba ocurriendo según mis planes. Todo, excepto verla llorar.

La seguí por todo el pasillo. Hacía caso omiso de mis plegarias para que no se fuera así. Sentí miedo. Miedo al vacío, al vacío de mis manos, al vacío de su voz y al de su presencia. Miedo de escuchar tanto silencio, a perder mi única fuerza, mi verdadero empuje. Su amor.

> **«Tan sola»**
> *La felicidad.*
> Sole Jiménez, 2008.

Y justo en el momento en el que ella abría la puerta para marcharse, envuelta en un mar de lágrimas, la abracé. Le rodeé la cintura con mis brazos, frenando su paso. Mi pecho se unió a su espalda y la agarré con firmeza, besándole el pelo de la nuca. Mis labios se deslizaron hasta su oído, donde le mordisqueé el lóbulo y le supliqué con ternura que no se fuera.

—Quédate hoy, quédate siempre al despertar. Quédate más.

> **«Quédate más»**
> *Dónde está la vida.*
> Francisco Céspedes, 2000.

Soltó el pomo dorado de la entrada y dejó caer todas sus cosas al suelo, se enredaron en sus pies, y yo empujé ligeramente la puerta, cerrándola de nuevo. Durante unos segundos degustamos en silencio aquel momento, yo abrazada a su espalda y ella oyendo mi respiración.

Se giró para mirarme. La liberé de la prisión de mis brazos y, con los ojos aún cuajados de lágrimas, me dijo, enfadada:

—¿Crees que puedes tratarme así y después, como una gatita mansa, pedirme que me quede?

La miré firmemente a los ojos y le contesté con arrogante descaro:

—Sí.

Ella puso su cara frente a la mía, a un milímetro, desafiante, y con rabia me dijo, apretando los dientes:

—Eres una… una… malvada pelirroja descarada.

Y me besó.

Me propinó un beso largo, profundo y doliente, que nos desplazó unos pasos hacia atrás, nos adherimos a la pared. Sus labios apresaron los míos con tal fuerza que apenas podía respirar. Su ímpetu me abrazó, aprisionándome contra ella, sin dejar el más mínimo espacio entre nuestros cuerpos. Sus manos, aprisa, me despojaron de la ropa, y las mías recorrieron toda su piel con urgencia bajo su blusa, evaporando al instante sus lágrimas y enfados de minutos antes, volviendo a llenar todos mis vacíos y acallando mis miedos de golpe, prendiendo una ferviente llama que ardió toda la noche.

Solo yo

Abrí los ojos totalmente mareada. No sabía ni entendía qué me había pasado, solo sabía que estaba en casa, pero no comprendía por qué estaba tirada en el suelo. Oía una musiquita ratonera que no dejaba de sonar una y otra vez. Giré la cabeza hacia un lado y vi que el móvil estaba sonando. Estiré el brazo para alcanzarlo, me costó horrores hacerlo.

Sentí el cuerpo como apaleado, débil, engarrotado por completo, y una angustia doliente clavada en la cabeza que bloqueaba mis movimientos, me nubló la vista y el razonamiento. Supuse que llevaba mucho tiempo tendida en el suelo.

Miré el móvil y me sorprendió descubrir que la pantalla estaba rayada, partida en mil trozos. Era Lucía quien me llamaba, y descubrí que había muchas más llamadas registradas, de ella y de mi madre también.

Me incorporé, me quedé sentada en el suelo. Estaba encima de un charco de agua, tenía toda la ropa empapada. ¿Agua?, ¿seguro? Me olí la mano.

«Joder». Era pis. Estaba sentada en mi propia orina.

En ese mismo instante dejó de sonar el móvil; no lo atendí. Totalmente aturdida, asustada y sola, solo pude hacer una cosa: echarme a llorar, muerta de miedo.

Llamé a mi madre para tranquilizarla por su llamada perdida. Por supuesto, no le conté mi…, ¿cómo lo llamaría yo?, mi desfallecimiento. No quise preocuparla, pero yo sí que lo estaba, y mucho.

Tuve que ser más convincente para explicarle mi ausencia de llamadas a Lucía. No sé qué hacer. No sé cómo decirle lo de mi problema sin que cambie algo entre nosotras, o en su forma de mirarme. No quiero que se quede conmigo por lástima, pero tampoco sé cómo evitar que sienta pena por mi situación. Y en esta encrucijada, no puedo hacer otra cosa, gracias a mi cobardía, que seguir disimulando y mintiendo sin compasión, y visitar lo antes posible a mi médico sin contárselo a Lucía.

—Mi niña, ¿cómo te encuentras? ¿Me oyes? —me dijo, con ternura, una mujer entrada en años.

Me costaba mantener los ojos abiertos, los párpados me pesaban y la mujer seguía hablándome, pero no podía seguirle la conversación. No tenía fuerzas para continuar despierta y mis ojos terminaron cediendo.

Volví a despertarme. No sé cuánto había dormido, pero me sentía dolorida. Alguien intentó nuevamente hablar conmigo, un hombre de pelo canoso y bata blanca que no había visto en mi vida. Me hizo varias preguntas, creo que esperaba que no volviera a dormirme: «¿Te duele?», «¿Sabes dónde estás?», «¿Recuerdas algo?».

Totalmente aturdida y desvanecida, le dije entre dientes que me dolía mucho la cabeza, pero que no recordaba nada. Apenas podía escuchar mis propias palabras y cada vez me sentía más cansada. Creo que volví a dormirme, o no sé, no lo recuerdo bien.

Tiempo después me contaron que estaba ingresada desde hace días y que me habían operado de urgencia. Fueron pasando los días en el hospital en una especie de ensueño intermitente, un bucle repetitivo del que no podía escapar. Dormía, me despertaba un rato, me hablaban, me contaban, volvía a dormirme y despertaba otra vez en blanco, me tenían que explicar nuevamente todo lo anterior.

Era incapaz de retener apenas nada.

Cada vez, me explicaban todo lo ocurrido, pero yo no lograba recordar nada ni a nadie. Lo llaman «amnesia global transitoria». Según los médicos, era solo cuestión de tiempo que comenzara a recordar todo, o casi todo. Parece ser que estadísticamente esta intervención rara vez provocaba pérdida de memoria, pero en mi caso ocurrió. No fue algo que me agobió o preocupó entonces, pues me aseguraron que solo era cuestión de días o de semanas que todo volviese a la normalidad.

Lo peor para mí fue que, debido a la operación, una parte de mi cuerpo, el lado izquierdo, quedó semiparalizado. La pierna apenas podía apoyarla y el brazo tenía la movilidad muy reducida. No tenía fuerza alguna con él y utilizarlo era en vano. Aun así, con ejercicio y rehabilitación, me aseguraron que lograría recuperar la movilidad, pero, en aquel momento, tenía que utilizar silla de ruedas. Al menos, volvía a oír perfectamente. Totalmente jodida, pero auditivamente genial.

Tardaron, pero me dieron el alta. Recogí mi ropa y enseres; volví a casa bastante repuesta, la recuperación pendiente se podía hacer desde casa, sin necesidad de estar ingresada.

Mi marido, David, se encargó de ordenar y guardar todo el papeleo que generaron tantos días de hospitalización, y mis padres hicieron una pequeña maleta con mis cosas. Yo solo podía mirarlos sentada, sin poder contribuir en nada, esperando que me ayudasen en todo.

Ya en el coche de vuelta al barrio, ninguna calle, bar o tienda me resultaba reconocible. Miré a través del cristal muy atenta, observando todo el recorrido, pero nada me era familiar. A pesar de sentirme como si me hubieran colocado en medio de un planeta extraño, había empezado poco a poco a recordar cosas y personas, pero vagamente. Mis padres fueron los primeros que reconocí, a David también, y algunos amigos y amigas que me habían ido visitando en el hospital, sobre todo Gloria. A ella la tenía muy presente. Me había hecho mucho bien hablar con ella y rememorar momentos de juventud y lugares.

Esos días también noté mucho su ausencia, la eché de menos. Durante parte de mi hospitalización, tuvo que estar fuera de la ciudad, pues asistía a una convención con sus jefes y compañeros de trabajo de la que no podía huir. Gloria me había conseguido una fisioterapeuta «amiga de las dos», según ella; en aquel momento, yo no la recordaba, pero si ella decía que sí, sería.

La fisioterapeuta iba a venir todos los días a mi casa para ayudar a recuperar lo antes posible mis articulaciones y músculos en pierna y brazo. Esa misma tarde teníamos la primera sesión.

Entramos en casa y todo lo que veía me parecía extrañísimo. Me miré en el espejo del recibidor y apenas me reconocí. Recorrí todo el piso como pude, a mi manera, con la silla de ruedas, para situarme un poco. Entendía que era mi sitio, pero no conseguí gran cosa.

Entonces llegué hasta esa pared.

Me abrumó esa pared.

La pared llena de guitarras colgadas.

Las miré, asustada, totalmente intimidada.

No me vino a la memoria ningún acorde, ni melodía alguna. Me derrumbó ese «no recuerdo» tan importante para mí y ahora tan borroso y baladí.

David no le dio ninguna importancia a mi «no recuerdo» musical y optó por la frase hecha de «ya irás recordando». Pero no me valió. Me aterró no poder volver a tocar mis instrumentos con la agilidad de antes.

David me ayudó a cambiarme, a ponerme cómoda y a adaptarme un poco. Comimos algo ligero y rápido. Él tenía que volver al trabajo. Me lo dejó todo a mano y el teléfono fijo también, por si ocurría alguna urgencia. Descubrimos que mi móvil no funcionaba. No recordaba el PIN y, además, estaba completamente destrozado. Ninguno de los dos sabía por qué.

—Si puedo, te traigo un móvil nuevo y le ponemos tu tarjeta. Quizá recuperes algo, ¿sí? —dijo David.

—Te lo agradecería. Estaría bien volver a activarlo —dije yo, amable.

Se despidió y volvió a su oficina; durante unas horas me dejó envuelta en el interrogante de un piso entero. Yo me preparé para la visita de la fisioterapeuta, aunque la verdad era que quedaban horas para eso. Seguí recorriendo la casa, esperaba recuperar más recuerdos.

Sonó el interfono. Le abrí abajo sin preguntar, porque sabía que era ella, Gloria me había dicho que era religiosamente puntual. Tardó unos minutos en subir en el ascensor, pero el timbre de la puerta reveló su presencia ya en el rellano de mi piso.

Al abrir la puerta y verla, lo primero que pensé fue: «jo, qué guapa». Sus ojos verdes me eran familiares, pero en mi mente siempre había un «pero».

—Hola, soy Lucía —Alargó la mano para estrechármela.

Yo hice lo mismo cortésmente y, al tocar su mano, sentí un escalofrío incomprensible que me recorrió todo el cuerpo, una especie de conexión cuyo significado no entendía. Me sentí ridícula con aquella sensación tan confusa. Ella exhaló aire profundamente, resignada, y me miró con sus hermosos ojos bien abiertos, como esperando algo más, un no sé qué, y yo no supe el qué.

Encogida en mi silla, solo pude preguntar:

—¿Dónde quieres que nos pongamos para empezar las sesiones?

—Donde estés tú más cómoda, ¿qué te parece en la cama? —me dijo.

Me siguió pasillo adelante hasta la habitación principal. Al llegar, me pidió que me acostara y lo hice sin rechistar, aunque me tuvo que ayudar a incorporarme.

Llevaba un macuto del que empezó a sacar cremas, aceites y ungüentos. Se sentó en una silla frente a mí y me miró muy seria.

—No esperaba verte así, en silla de ruedas —me dijo, apenada, y a mí me dolieron sus palabras.

—Utilizo también las muletas, pero me cuesta mucho porque me duele el brazo —le conté.

—¿Empezamos con el brazo? Si tienes buen apoyo con los brazos, lograrás recuperar antes la pierna.

Y comenzó, despacio pero sin pausa, a masajearme el brazo, embadurnándolo con una especie de aceite que ella misma me iba untando. Deslizaba las manos con suavidad, pero sus yemas apretaban con firmeza, a la vez que me obligaba a hacer diferentes movimientos repetitivos para fortalecer los músculos.

Lucía seguía su tarea con rigor y sin interrupciones, y yo solo podía observarla, fascinada.

Me era imposible dejar de mirarla. No sabía el porqué de mi fijación, pero toda mi atención estaba en ella. Le miraba las manos deslizándose por mi piel y sentía un deseo extraño de tomárselas y acariciárselas también. Y su boca…, no podía dejar de observarla. Me era imposible evitar clavar mis ojos en ella y analizar con lentitud todo su perfil. Y de su boca a su respiración, era casi hipnótico seguir su inspiración y exhalación, que iban sosegando mi dolencia, amasando mi calma y adormeciéndome los párpados.

No entendía el porqué de mi embobamiento, pero me era imposible ignorar sus movimientos, y quise saber algo más de ella.

—Te recuerdo de un día que viniste a visitarme al hospital.

Lucía me miró, asombrada.

—Sí, fui un día con las chicas a verte, pero estabas recién operada y no muy lúcida.

—Es verdad, al principio estaba muy jodida. Lo de la memoria me está costando. Voy recordando cositas, pero muy poco a poco. La familia me está ayudando mucho a recordar, Gloria también y, sobre todo, mi marido.

Lucía paró las manos al instante y me miró, atónita. Se quedó unos segundos callada, pensando cómo retomar la conversación, como queriendo añadir algo importante, pero no lo hizo. Dejó de masajearme el brazo y se puso con la pierna. Me pareció intuir incomodidad en ella, pero, en aquel momento, no entendí por qué.

—¿Llevas tiempo trabajando de esto? —pregunté para aliviar el ambiente.

—No, no trabajo de fisio. Soy arquitecta.

—Ostras, esta respuesta no me la esperaba. Pensé que te dedicabas a esto.

—En su día, sí. Hice unos cursos relacionados con masajes y fisioterapia y, mientras me ganaba un dinero con ello, fui sacándome la carrera de arquitectura. Cuando Gloria me propuso ayudarte de esta manera, me pareció perfecto. No me supone ningún problema venir y lo hago con gusto.

Se lo agradecí varias veces, pues sabía que su ayuda iba a ser clave en mi recuperación. Aun así, no entendía su seriedad. Me desconcertaba que fuese tan rigurosa en sus gestos. Quizás esa era su verdadera forma de ser y yo, en mi línea de no acordarme de nada, no recordaba que esa había sido siempre su actitud, pero no me encajó.

Se oyó el tintineo de llaves al final del pasillo, un portazo en la entrada y unos pasos que se acercaban. Apareció David en la puerta de la habitación y nos saludó a las dos muy animado.

Yo, cortésmente, le presenté a Lucía.

—No sé si ya os conocíais. David, mi marido. Ella es Lucía, amiga de la pandilla.

Lucía se levantó para saludarlo. David estiró la mano para estrechársela y, con galanteo, añadió:

—No nos conocemos, no. Si nos conociéramos de antes, me acordaría, seguro.

Me extrañó mucho que, siendo amiga mía, no conociera a mi marido. No sé, me pareció algo raro.

Lucía se apresuró a mostrar sus manos impregnadas de ungüentos, planteándole a David el no estrechamiento de manos, y así ocurrió, no se produjo el saludo. Ella, con las manos unidas entre sí para no manchar nada, se dirigió a mí, proponiéndome zanjar ya la sesión de aquel día.

—Mejor lo dejamos aquí, ¿sí? Mañana seguimos, ¿qué te parece?

Asentí con la cabeza a su propuesta y ella pidió permiso para lavarse las manos en el baño, permiso que se le concedió. Sin necesidad de preguntar, salió al pasillo y se metió en el cuarto de baño a asearse para marcharse.

Aquello enrareció aún más la situación. Sin preguntar, conocía perfectamente la distribución de mi casa, sabía dónde estaba el baño de antemano. Entendí que era porque había estado alguna otra vez aquí, quizá con las amigas en alguna ocasión anterior. Y, aun así, ¿no conocía a mi marido? Sin duda, era extraño ese desconocimiento mutuo.

Le quité hierro yo misma a todo aquello, achacándolo a mi problema de memoria.

Se despidió con una mueca singular en los labios, pero sin llegar a sonreír. Se marchó hasta el día siguiente y, sin saber por qué, me invadió una especie de tristeza inexplicable y, sin remedio, la eché de menos.

David recogió y clasificó unos papeles en su mesa de escritorio y, después de prepararme algo de cena, me explicó que tenía que volver otra vez al trabajo, a gestionar y solventar algo que se les había quedado a medias. Sin dar muchas más explicaciones, se fue, asegurándome que no tardaría en volver.

Y ahí estaba yo, en esa vida que no conocía, que no entendía y que no me completaba.

Desconocía los tiempos de mi vida, el porqué era así, tan solitaria, tan no sé. No entendía por qué dejé, o dejamos, que fuese así. O quizá ya nos iba bien así a los dos y era lo normal. Pensé que era lo que queríamos ambos, aunque yo en ese momento no lo comprendiese.

Volví a mirar a mi alrededor, al triste interior de mi vivienda —o de mi vida— y visualicé con claridad las ataduras que me encadenaban a ese lugar sombrío, del que no comprendía por qué no escapaba.

No me sentía completa. Algo no iba, algo me faltaba, algo no encajaba. Había una pieza suelta, la pieza que no encontraba, la que faltaba en el puzle, y empezaba a molestarme, a agobiarme, a intrigarme. Y no sabía por dónde empezar a buscar. Era tan raro no conocer tus emociones, tu forma de ser, tus propios secretos…, y tan cansado, a la vez, estar veinticuatro horas intentando encontrar esa pieza.

Salí a la terraza con la esperanza de airear un poco las ideas. Observé la ciudad desde las alturas, pero seguía sin aportarme nada, una ciudad que solo me ofrecía la extrañeza de mirarla por primera vez.

Desvié la mirada al cielo, a las pocas estrellas que comenzaban a brillar, pues ya empezaba a oscurecer y la luna estaba por salir. Pero era tan extraño recordar con exactitud dónde estaba la constelación de Casiopea y no saber de dónde salía ese conocimiento.

Solo observé una estrella en concreto. La cara de Lucía vino a mi pensamiento en forma de luz, de destello, de resplandor en mi imaginación. Un resplandor atrayente que me cegó el poco juicio que aún me quedaba, pero que no me dejaba comprender esa obsesión descubierta por ella, que se apropiaba de mi voluntad, que se adueñaba de mi cabeza.

Después de pasar una mañana movidita, recibiendo la visita de unos amigos de la facultad y, por supuesto, la de mis padres, que no fallaban ningún día, yo solo deseaba y esperaba con impaciencia, con ilusión de niña chica, la segunda visita de Lucía a mi casa. Pero para ese momento aún quedaban varias horas y el reloj de la pared se convirtió en cómplice callado de mi más anhelado deseo.

Cuando sonó el interfono, acudí lo más rápido que pude a abrirle el portal. Por la hora que marcaba el reloj, sabía que era ella, Lucía. En pocos minutos ya estaba arriba, en casa, y me propuso de nuevo mi habitación para la nueva sesión. En segundos se puso con sus ungüentos y pomadas a masajearme el brazo.

Ese día, especialmente, no sé por qué, estaba más bella que el día anterior, muchísimo más, o a mí me lo parecía. Quizá mi opinión no fuera del todo objetiva. Yo estaba totalmente prendada de esa mujer, ciega perdida, y ni siquiera sabía por qué sobrevaloraba a una mujer de la que no conocía prácticamente nada. Estaba totalmente flechada por ella. Adoraba su sola presencia en mi casa, su vestuario, su peinado, hasta su perfume me resultaba tan atrayente como reconocible. Pero ignoraba aquella situación, como casi todo lo que me pasaba desde que había salido del hospital. Era como vivir en el cuerpo de otra persona, en la vida de otra.

—¿Cómo te ha ido hoy el trabajo? —dije yo con la intención de entablar algo de conversación.

—Bien —me dijo sin levantar la cabeza—. Hoy ha ido todo muy tranquilo.

»¿Cómo va lo de tu memoria? —dijo ella, interesándose.

—Bueno, lento. Empieza a agobiarme esta situación. Olvido pequeñas cosas, es algo espontáneo, sucede sin querer, pero me ocurre a menudo. Suelen ser conversaciones, lugares, nombres. Empiezan a preocuparme mis pequeños devaneos, esos descuidos que vienen y van sin control alguno. En ocasiones me pregunto si algún día olvidaré algo fundamental. Algo crucial, algo que sería fatal no volver a recordar, algo que yo olvidara hacer y desencadenara un malogrado final, algo grave, algo serio, algo que lo cambiara todo.

—No te agobies, mujer, ya te irán viniendo —me dijo para animarme—. ¿Qué te han dicho los médicos respecto a esto?

—Pues eso, que ya me irán viniendo, pero a mí me sabe a poco.

—Yo lo que haría, si fuera tú, sería mirar en toda la casa, buscar recuerdos —me propuso Lucía.

—¿Buscar en casa? —dije, extrañada.

—Buscar pistas. A veces un vestido, una prenda de ropa, una joya o un perfume te lleva a un momento, a un lugar vivido en el que te agradó estar, o te hizo sentir algo especial, o te marcó. Quizás, al volver a ver ese objeto, te transporte a ese recuerdo y a las personas que estuvieron en ese mismo instante.

Me quedé embobada escuchando sus palabras y me parecieron de lo más lógicas del mundo. Alargué la mano hacia una pequeña cajita de madera de caoba tallada que estaba encima de la mesita. Recordé que el día anterior la había abierto sin darle importancia y sabía que estaba repleta de pendientes, anillos y abalorios varios. Los volqué todos encima de la colcha y los fui analizando con la esperanza de encontrar pistas.

Lucía no paraba en su empeño de amasar mis músculos, mientras seguía con su exposición de buenas ideas.

—Tienes en el comedor una hermosísima estantería con una estupenda colección de vinilos. Está claro que eres una muy buena melómana. ¿No crees que la música también pudiera ayudarte? Te podría ayudar a recordar canciones que sabes tocar o, incluso, que te traslade al momento en que sonó por primera vez, o a algún lugar donde la escuchaste, o la tocaste tú misma.

—Pues tienes razón, no había pensado en todo eso. Es curioso —dije, cambiando de tema—, he encontrado en la cajita un pendiente de plata, con la misma letra china que la cadena que luces tú en el cuello, pero solo hay uno, no tengo el compañero.

Lucía bajó la cabeza y no opinó nada respecto a mi descubrimiento, me extrañó; pero sí se apresuró a comunicarme que la sesión llegaba a su fin y que se marchaba.

Se lavó las manos y, al recoger sus botes, me percaté de que en una oreja llevaba un pendiente con un pequeño brillante, pero en la otra le colgaba el mismo pendiente que yo había encontrado en mi cajita.

—¿Quedamos mañana a la misma hora?

—Sí, claro —contesté.

Me dio la mano como gesto de despedida y, antes de irse, me regaló unos últimos consejos.

—Mirar fotos que tengas en algún álbum antiguo, o las almacenadas en WhatsApp o en *emails,* también te podrán ayudar a recordar, seguro.

Le di la razón y la despedí con un «hasta mañana». Al cerrar la puerta, miré al techo, malhumorada, y pensé:

«Mierda, el móvil, sigo sin tener móvil».

Minutos después, llegó David a casa con cara de cansado y agobiado.

—¿Ya se ha ido Lucía? —Miró a un lado y a otro, y vio que ya no estaba—. Y los masajes, ¿cómo van?

—Y mi móvil ¿qué? —le dije, irritada.

—Joder, Nuria, es verdad, nunca me acuerdo. Mañana, seguro que sí —me dijo poniéndose la mano en la frente.

Mientras yo me duchaba, David preparó algo de cena ligera (tengo que admitir que es mañoso cocinando). Al terminar de ducharme, como siempre, tuvo que ayudarme a salir del plato de ducha debido a mi debilitada pierna, para evitar accidentes menores. Muy atentamente me acercó la toalla y, amable, se prestó a secarme la espalda. Puso en mi hombro desnudo su mano tibia, acercó su cuerpo a mi espalda y noté su respiración en mi nuca. Me dijo al oído:

—Siempre tienes la piel tan suave.

Me abrazó la cintura y juntó mi cuerpo al suyo, en un acto de cariño sensual. Me quedé totalmente paralizada, todos los músculos de mi cuerpo se encogieron, sin saber qué hacer. Él me besaba la nuca con ternura y sus manos iban lentamente deslizándose en busca de mis pechos. Y yo solo sentí un escalofrío de repelús que me recorrió el cuerpo entero, sin poder evitarlo ni pararlo.

No entendía mi rechazo, no me entendía a mí misma, a mi cuerpo. Era lo más normal del mundo que aquel hombre reclamara ese momento de afecto. ¿O no es normal que tu marido te desee? Es la cosa más maravillosa que puede obtener una esposa. En cambio yo, ahí, encogida de miedo.

No alcanzaba a entender la contradicción de mi propio cuerpo. Aquella situación me pareció lo más extraño del mundo. Sentí rechazo, hastío, pena. Sentí un agobio irracional que apenas me dejaba respirar. Y, en un arrebato de necesitar mi espacio vital, me separé de él y con ternura le dije:

—David, creo que no me siento preparada. Perdóname, pero no estoy cómoda —añadí, acariciándole la mejilla.

—No, mujer, discúlpame. Perdón por mi insensibilidad, es precipitado para ti, seguro que sí —dijo con la mirada baja.

¡Dios! Se sentía horrible, culpable por lo que él me había mendigado. Y yo, conmovida por su malestar, me sentí la mujer más ruin del mundo, después de aquel rechazo desmerecido. David, aparentemente, no le dio la mayor importancia; en apariencia, para que yo no me sintiera mal, pero la verdad era que me sentía fatal.

Él picó algo rápido de comida y me dijo que se tenía que volver al trabajo, a terminar algo que no podía dejar para mañana. Yo, después del desplante, del chasco que se llevó conmigo, no quise añadir nada, no me vi con el derecho de protestar. Y se marchó a toda prisa con una carpeta de papeles.

Allí me quedé, otra noche más sola en casa y sintiéndome lo peor por mi comportamiento.

No podía dejar de pensar y revivir una y otra vez aquel momento amargo con David y, mientras mi cabeza no dejaba de recapitular todo aquello, me percaté de que las llaves del coche de David estaban encima del recibidor de la entrada. No di crédito. ¿Cómo se había ido al trabajo?

En un arrebato de intentar hacer algo bueno por David, me puse una chaqueta y, con la ayuda de las muletas, me planté delante del ascensor; llegué al portal de abajo con la esperanza de toparme allí con él y darle las llaves lo antes posible. No estaba, y me sorprendió no verlo, pues pensé que ya estaría volviendo al descubrir que no llevaba las llaves encima. No fue así, y no entendí dónde se había metido.

Salí a la calle pensando que quizá me lo encontraría, pero tampoco estaba fuera. Miré a un lado y a otro de la calle y, a lo lejos, lo vi andando con bastante brío. Casi llegaba ya al final de la calle. Tuve el impulso de llamarlo, pero desistí, pues sabía que no me iba a escuchar con el bullicio de los coches.

Apareció la duda. ¿Dónde iba? ¿Al trabajo? Era imposible que decidiese ir andando.

No sé qué me motivó, ni de dónde saqué las fuerzas, pero eché a andar tras él. Quizá no había encontrado aparcamiento cerca y había dejado el coche mucho más lejos de casa. Estaba obcecada totalmente en hacerle el favor y, sin apenas pensarlo, seguí andando, costándome horrores dar cada paso, pero ahí estaba yo, cabezona como siempre.

Vi cómo cruzaba a la otra acera y entraba en otra calle. Yo hice lo mismo. Llegué hasta el final de la calle, exhausta, e intenté cruzar a la acera de enfrente; pero, ¡Dios!, qué alta estaba la acera, tuve que apoyarme en un coche aparcado para evitar caerme al bajar. Aquel escaloncito se me antojó a un metro de altura.

Al llegar al principio de la otra calle, a lo lejos, vi que David entraba en un bloque de pisos. Logré llegar hasta allí, como dice la canción, despacito, pero sudando sangre.

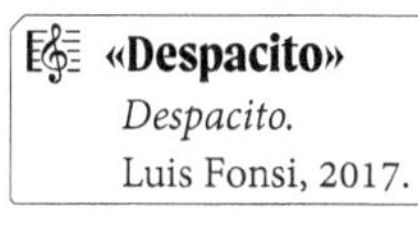

Cuando llegué frente al edificio miré hacia arriba y el bloque, en sí, era una edificación pequeña, tan solo tenía tres plantas. Fui cavilando posibilidades varias. Quizá venía a visitar a algún familiar, quizás era la casa de mis suegros. Pero ¿por qué no me lo dijo? Entonces caí en la cuenta de que mis suegros no me habían venido a visitar en ningún momento, ni al hospital ni a casa. Me di cuenta de que no tenía ni idea de quiénes eran mis suegros ni por qué no habían hecho acto de presencia. Envuelta en mi mar de dudas, la puerta del bloque se abrió. Del edificio salieron dos chicos de unos veinte años, ambos totalmente ensimismados en su conversación, jocosos. Se alejaron de mí sin tan siquiera verme y yo sujeté la puerta antes de que se cerrara con la muleta.

Entré en el vestíbulo, sin permiso, y me sobrevino un miedo, un «¿qué estás haciendo?»; pero ya no podía parar y me ceñí a muerte en el empeño de descubrir a dónde había ido David. La duda me estaba quemando por dentro y me era imposible suspender la investigación.

Me acerqué a los buzones. En la primera planta: un dentista, lo descarté enseguida por el horario. En el segundo: un tipo inglés, un tal William. No creí ver que tuviese nada que ver con mi marido. En el tercero, un nombre de mujer. Me sobrevino un mal pálpito y pensé: «¿En serio, una tía?». Aquello no se podía quedar así y, antes de pensarlo, me subí en el ascensor.

Me planté delante de la puerta de aquella «tía» y dudé unos segundos antes de llamar, pero terminé tocando el timbre. Pasaron unos segundos, finalmente abrió.

Era una mujer embarazada, algo más joven que yo. Ambas nos mirábamos y no dijimos nada, pero a ella se le quedó grabada la cara de «tierra, trágame». Me miraba aterrada. Era evidente que me conocía, pero no sabía el porqué de su temor y yo no sabía bien, bien cómo explicarme.

Se oyó, en la lejanía del interior del piso, una voz de hombre:

—Nuria, ¿quién es?

Acto seguido apareció David al lado de la chica. Se quedó pasmado mirándome. Los ojos casi se le salieron de las órbitas y, medio tartamudeando, me dijo:

—Pero, Nuria, ¿qué haces aquí?

—Vaya, me has quitado la pregunta de la boca —dije sarcástica—. Parece que solo te gustan las Nurias.

La chica agachó la cabeza, avergonzada, y él seguía tartamudeando sin saber cómo salir bien parado de todo aquello. Le hizo una especie de mueca a la chica, como de «ahora vuelvo», y cerró la puerta tras de sí. Nos quedamos los dos solos en el pasillo de acceso a la escalera.

—Pero ¿cómo se te ocurre venir hasta aquí? Mujer, te podía haber pasado algo en tu estado.

—Aquí la única que está «en estado» es ella. ¿Es tuyo? —dije con malicia—. Me merezco una explicación, ¿no?

—Bueno, bueno, tampoco te pongas tan melodramática, que a ti tampoco te faltó tiempo para buscarte a otro y yo todavía no te he echado nada en cara —protestó.

Me quedé boquiabierta, sin saber de qué cojones hablaba o qué me estaba echando en cara. A continuación, antes de que yo siguiera con mis preguntas, él comenzó a aclarármelo todo; yo estaba flipando con toda aquella situación, me sonaba todo a chino.

—Estamos separados desde hace más de un mes, casi dos. Bueno, legalmente aún no, porque falta algún papel, pero eso ya es cosa de Gloria. Tus padres querían que te fueras con ellos a su casa para cuidar de ti al salir del hospital, pero tú insistías tanto en que querías irte a casa que me pidieron que viviera contigo un tiempo hasta que te recuperaras. Solo querían que no estuvieras sola, que no te pasara nada malo, y a mí no me importó haceros el favor a todos. Sabía perfectamente que esta situación solo duraría hasta el momento en que tú recordaras todo. Solo queríamos ayudarte y que tú estuvieras lo más cómoda posible.

Estaba tan enfadada escuchando tal necedad que solo quería cogerle del cuello.

—¿Y eso incluía también acostarte conmigo? ¿O lo que ha pasado antes en casa solo me lo ha parecido a mí? —dije apretando los dientes.

—Bueno, mujer, un polvo es un polvo, a nadie le amarga un dulce —me dijo con una especie de mueca socarrona.

—¿Pero tú te estás oyendo? Tienes ahí dentro a tu nueva mujer y un futuro hijo, ¿y tonteas conmigo?

Sin poder evitarlo, le miré con asco. No podía entender su forma de pensar tan anticuada, tan mujeriego, pero entendí claramente al momento el porqué de nuestro divorcio. Me miró con cara de querer añadir algo lógico y coherente a sus arcaicas palabras, pero bajó la mirada, no sabiendo bien qué decir. Su forma tan penosa de actuar conmigo lo decía todo. Y con ella, la otra Nuria, ¿qué?, aún peor. Menudo futuro le esperaba con semejante personaje a su lado.

Abrí mi mano y le mostré lo que llevaba en ella.

—Toma las llaves de tu coche, que a eso he venido yo. Y dame ahora mismo las de mi casa.

—No te pongas así, mujer, espera a estar algo mejor y ya me iré yendo —me dijo, acelerado.

—Creo que no lo entiendes, David. Eres un hijo de puta que está engañando a dos mujeres a la vez. A mí, con esa chica de ahí dentro, la otra Nuria, que no está embarazada de dos meses, está de mucho más. Y a ella, conmigo, porque seguro que le has contado que me estás haciendo un favor, pero que no hay nada entre nosotros, y en verdad sí quieres algo conmigo. No quiero volverte a ver y no quiero tu ayuda. Dame las llaves de mi casa. ¡Ya!

Las sacó de un bolsillo de su pantalón y las puso en mi mano, pero antes de marcharme le pregunté:

—¿A qué te referías cuando dijiste que me busqué a otro? ¿Qué otro?

—No sé, nunca os vi juntos, pero sé que estabas con alguien, o más bien lo presentía. Estabas radiante, eufórica y eras más feliz que nunca. Seguro que estabas enamorada, era amor, seguro. Estabas igual de dichosa que al principio de salir conmigo.

Me di la vuelta y me marché sola.

—Nuria, espera, mañana te llevo un móvil nuevo, ¿vale?

—David, ¡vete a la mierda!

Y me marché, hice caso omiso de su insistencia de acercarme él a casa. Ya en el ascensor, la cabeza me iba a estallar con tanta información. No sabía qué hacer ni a quién acudir para aclarar, para saber la verdad de todas las cosas que me había explicado

David. ¿Quién podría saber a ciencia cierta lo de mi supuesto romance? ¿Gloria, quizá? Joder, no estaba. ¿Mis padres? Ellos seguro que tenían que saber algo.

Necesitaba más que nunca saber la verdad de todo aquello. Sabía que me faltaba algo en mi vida, quizás aquello fuera lo que tanto buscaba, esa pieza que me faltaba. No podía esperar a averiguarlo.

Y al salir a la calle, esperé un rato en la acera hasta que pude parar un taxi para que me llevara a casa de mis padres. Tuve que pedirle al chófer que me ayudara a subir, pues apenas podía ya doblar la pierna.

Ya en la puerta de mis padres, esperé paciente a que me abrieran. Supongo que debo tener una copia de las llaves de su casa, pero ¿quién sabe dónde? Se asustaron horrores al verme sola, y sin David aún más.

Les expliqué con todo detalle lo que había pasado, pero aún no sabían el motivo de estar yo allí.

—¿Cómo me habéis podido hacer esto? Meter en mi propia casa al lobo para que conviva conmigo —les recriminé.

—Ay, mi Nuria, lo hicimos con la mejor de las intenciones, para que no estuvieras sola y tener ayuda. De hecho, fue él el que lo propuso y, en su momento, nos pareció muy buena idea —dijo mi madre, apenada.

—No te preocupes, mañana mismo lo llamo y le digo que no aparezca más por aquí —añadió mi padre.

—Creo que no va a hacer falta, se lo he dejado yo bien claro, pero necesito haceros una pregunta.

Los dos se miraron entre ellos, como intentando adivinar lo que les iba a decir, pero ambos estaban totalmente sorprendidos.

—David me ha dado a entender que, antes de operarme, yo estaba liada con alguien.

Volvieron a mirarse entre sí, desconcertados.

—¿Vosotros sabéis quién es esa persona? Porque yo voy poco a poco recordando cositas, pero hasta ahí aún no he llegado.

—No, ni idea —dijo mi madre, pero mi padre añadió algo de luz.

—Sí, sí estabas con alguien. —Mi madre le clavó la mirada, alucinada. —Estabas radiante, contenta y llena de vida, pero no sé quién era, nunca te pregunté, quise darte tu tiempo.

Y mi madre añadió, enojada:

—¿Y no me lo comentaste a mí?

—¿Y quién creéis que podría saberlo? —les pregunté yo.

—Si alguien sabe algo secreto de ti es Gloria, sin duda. Sois como hermanas, ambas lo sabéis todo la una de la otra —aseguró mi madre.

Mi padre lo reafirmó con la cabeza.

—Llámala ahora mismo —dijo mi madre.

—No tengo móvil y mucho menos su número.

—¿Cómo que no tienes móvil? —dijo mi madre, extrañada.

—Es una historia larga que ya os contaré, ahora me urge más el número de Gloria.

—¡Yo lo tengo! —dijo mi padre, mientras raudo marcaba ya su número, dándome el teléfono a mí en la mano para atenderlo.

Sonó varias veces y yo esperaba paciente. Mis padres se fueron de la habitación para que pudiera hablar tranquila y a solas con Gloria. Aunque mi madre se fue a regañadientes; quería quedarse para enterarse de todo, pero mi padre tiraba de ella, autoconvenciéndola de salir ambos de la habitación.

Descolgaron la llamada y al otro lado se oyó la voz de Gloria, acelerada.

—¿Le ha pasado algo a Nuria?

—No, no, tranquila, soy yo, Nuria, y estoy bien.

—Joder, Nuria, me he asustado. Como me llamas con el móvil de tu padre, me temía lo peor. ¿Y tu móvil?

—Eh, mmm, digamos que está muerto.

—Jo, Panocha, pues me he asustado de verdad. ¿Cómo han ido estos días los masajes en casa?

—Bien, sí, muy bien. Me han ido genial los ejercicios. Aún no estoy recuperada del todo, pero he recobrado mucha movilidad y fuerza.

—Pero tú no me has llamado para esto, ¿verdad? —me dijo directamente.

—No, especialmente para esto no. Necesito hacerte una pregunta.

—¿Y bien? —dijo, expectante.

—Parece ser que... he descubierto que..., bueno, me han contado que...

—¿Qué? —apuntó, impaciente.

—Que yo estaba con alguien, que tenía un romance, un lío, un algo con no sé quién. Y pensé que tú sabrías decirme. Lo que tengo claro es que con David ya nada de nada. Pero con la otra persona, ni idea.

Al otro lado de la línea, Gloria se quedó muda, como examinando su contestación y, segundos después, dijo:

—Ante todo, decirte que estuve totalmente en contra de la cenutria idea de que David se fuera contigo a casa. No entendí nunca de dónde salió esa idea. Y veo que vas recordando, pero a muy poquito. ¿Con Lucía todo bien?

Me extrañó esa pregunta en ese preciso momento, pero, aun así, contesté:

—Sí, muy bien, ella viene todos los días y cumple perfectamente su cometido.

—¿Y nada más? —añadió.

—¿Qué? —dije yo totalmente descolocada por su pregunta—. Nada más, ¿de qué?

—Creí que sería más fácil para ti verte cada día con ella, o para tu memoria, pero ya veo que la cosa es algo más complicada de lo que yo pensaba.

Medité sus palabras, analicé todo lo que me dijo, pero me supo a… a nada. Agradecida estaba por tener una amiga como ella, tan entregada, preocupándose siempre de mí y buscándome una masajista que me ayudara lo antes posible con mis problemas físicos, pero de eso a que no me contestara directamente mi pregunta…, no entendía nada.

Esperé que añadiera algo más que clarificara mi duda, pero la línea seguía muda y ambas seguímos calladas. Finalmente fui yo quien terminó añadiendo algo.

—Me siento perdida. Noto que algo no va. No me refiero a las cosas que aún no he podido recordar, esas cosas no me preocupan, ya irán llegando, seguro. Me refiero a algo o a alguien en concreto. Alguien que no puedo explicar, porque no sé…, pero que me duele muy adentro. Alguien que tenía y me revivía, alguien que me insuflaba vida, fuerza. Una fuerza que me falta ahora para seguir.

»La verdad es que no sé de lo que estoy hablando, pero desde que salí del hospital me siento como si me hubieran desmembrado; algo profundo, como si me faltara un brazo, un dedo o una oreja, pero no sé qué es lo que me han amputado. Pero que me falta algo, me falta. Y no soy capaz de encontrarlo.

»Cada vez estoy más perdida y desesperada, pues, aunque no sé quién es o qué es, no me veo llevando una vida normal sin ese miembro amputado. En mi desesperación pensé que tú sabrías ayudarme para dejar de sentirme así de mal. Cuando David dejó caer la posibilidad de que en mi vida hubiese alguien más que yo no recordaba, mi cuerpo entero se estremeció con un «ahora lo entiendo todo». Y creo que este malestar o presentimiento que llevo a cuestas va en esa dirección, en la de averiguar de quién estamos hablando.

—Es la segunda vez que hago esto por ti —dijo Gloria finalmente—. Te voy a dar la dirección de Lucía.

—¿La de Lucía? —dije, extrañada—. ¿Ella puede saber algo de esa persona?

—No es que lo sepa. Es que es ella —afirmó Gloria.

Inspiré una bocanada de aire, llenando mis pulmones de pura clarividencia. De repente todo tenía sentido. Aunque estaba sorprendida, todo encajaba. No intuía que pudiera decirme la verdad, pero sabía que lo era, lo sentía: que sí, que sí que era ella, Lucía, exactamente y, sin duda, la pieza que buscaba.

Gloria me explicó algunas cosas más, de Lucía y nuestras. Me pidió que me tranquilizara y que descansara antes de hablar con ella, no sin antes darme su dirección y teléfono. Me sentía algo inquieta con aquel descubrimiento, un poco aturdida por aquella nueva situación, pero, sobre todo, aliviada.

Tuve que explicárselo todo a mis padres, que tras la otra habitación esperaban con impaciencia la respuesta de Gloria. Asombrados aún tras resolver mi enigma, intentaban amilanar mi nerviosismo, convenciéndome de que me quedara aquella noche a dormir en su casa para no estar sola en la mía y meditar mejor y más tranquila las cosas. No transigí. Quería estar sola, necesitaba estar sola y, en aquel momento, más que nunca.

Mi padre me llevó con su propio coche a mi casa, durante el camino condujo en silencio y yo seguí aturullada por los miles de pensamientos que martilleaban mi cabeza, no hacía otra cosa que observar y dejar pasar la ciudad a través de la ventanilla, con sus viandantes, su devenir de vehículos; en verdad, no miraba nada concreto.

—Nuria, cariño —dijo mi padre, ya en la puerta de mi bloque—, intenta dormir algo y, mañana, más sosegada, tu primer propósito del día debería ser quedar con esta chica, verla, hablarlo todo sin nervios, aclararlo todo y después, a más tardar, se lo cuentas todo a tus padres, que se desviven y se preocupan por ti.

Los dos nos miramos achinando los ojos y se nos escapó una sonrisa cómplice.

—Solo queremos que estés bien y, si es ella tu bienestar, pues bien, bienvenida sea. Pero, por favor, cálmate, descansa y, sobre todo, mañana hablamos, ¿sí?

—Gracias, papá —le dije con ternura, mientras, mimosa, le tocaba la mejilla.

Él acarició mi otra mano y dejó en ella un móvil.

—Es de última generación. Me lo regaló tu madre… a mí, que no me aclaro ni con la calculadora a pilas.

Sin poder evitarlo, ambos nos echamos a reír.

—Ahora, para salir del paso, úsalo tú, no quiero que estés incomunicada en ningún sitio. Y cuando ya tengas el tuyo, me lo devuelves y me das una clase intensiva de manejo, ¿sí?

Asentí con la cabeza.

—De esto ni pío a tu madre, eh, que no sabe que sigo usando el viejo.

—Promesa de *boy scout*, no diré nada —le prometí, aguantándome la risa.

Solo nosotras

Ya arriba, sola en casa, mi cuerpo no podía más. Sentada en el sofá, el dolor horroroso de la pierna no me dejaba seguir estando en pie. Necesité, físicamente hablando, parar por un momento mi actividad.

Aproveché para intentar de alguna manera conectar aquel móvil y, tras unos minutos y varios intentos, conseguí conectarlo por fin. Enseguida comenzaron a salir mensajes entre Lucía y yo y algunos eran bastante íntimos. Fotos, muchas fotos de nosotras juntas, fotos que me ayudaron a recordar momentos nuestros, rellenando en mi memoria tantas y tantas páginas en blanco, que ya me empezaban a pesar, insatisfechas en mi entendimiento.

Sentí deseos de llamar a Lucía y de hablar con ella de todo aquello, pero en verdad no me sentía con fuerzas, con fuerzas de escuchar de su propia voz una negativa. Sentí miedo, miedo de haberle podido provocar algún daño involuntario con mi ausencia de memoria imperdonable; miedo de que, posiblemente, ahora su interés por mí se hubiera desvanecido, apocándose irreparablemente.

No sabía qué hacer y, por primera vez, preferí hacerle caso a mi padre y esperar al día siguiente para verla y hablar con Lucía. Me tomé un relajante muscular e intenté serenarme, esperando a que el sueño llegara lo antes posible y apaciguara el batiburrillo de recuerdos que iban y venían bailando en mi cabeza.

Frente al armario, buscando algún pijama limpio para ponerme, recordé uno de los consejos que Lucía me dio para ir rememorando lo olvidado. Me puse a rebuscar entre mi ropa de calle algo que me llevara, que me arrastrara a algún momento de recuerdo y así rellenara alguna página más en blanco de mi cabeza. Ninguna prenda logró despertar nada en mi memoria, hasta que toqué una blusa blanca con un pequeño bolsillo en la parte delantera, del cual asomaba algo.

No dudé en descubrir el objeto, que ya carecía de magia alguna, pues solo era una pequeña flor marchita, totalmente seca. La extraje sin apenas respirar, con toda la delicadeza del mundo, pues me pareció que cualquier movimiento brusco pudiera deshacerla en mil pedazos.

Recordé al instante con toda claridad el momento en el que lucía llena de vida en mis manos. Y su ahora apagada marchitez me provocó una ternura doliente, una tristeza melancólica en el alma, un pellizco en el corazón, y me hizo llorar desconsoladamente, echó al traste mi serenidad y espantó el ansiado sueño. Estaba claro que los sentimientos a flor de piel me afloraban sin control alguno.

A la mañana siguiente todo fue de otro color. No sabía bien cuál, pero supuse que color esperanza. Me sentía animada y esperanzada, pero el miedo y la incertidumbre no se habían evaporado y, aunque ansiaba ver a Lucía más que nada, a la vez me intimidaba ese momento y su reacción.

Respecto a mis problemas físicos, me sentía muy bien. La pierna apenas me dolía, el brazo lo tenía mucho más ágil y recuperado, y mis dolores de cabeza eran escasos, prácticamente… inerte. ¿Inerte? Es curioso, esa palabra me era familiar, pero… no sabía bien por qué.

Esperé paciente a nuestro encuentro habitual de cada día, más impaciente que nunca. Ella llegó puntual como siempre y, después de un breve saludo y el típico «¿cómo te encuentras?», se dirigió como siempre a la habitación, dispuesta a empezar su sesión de masajes, ajena a mi acecho y nerviosismo.

Mientras preparaba sus cremas para comenzar, yo ya planteaba cómo entrarle en conversación, sin saber bien cómo no asustarla.

—Lucía, ¿nunca has querido tener hijos?

Me miró, descolocada, pero tras una tenue sonrisa, terminó contestando.

—Sí, claro. Tres estaría bien.

—¿Tres? Uff, ¿en serio? Eso da un poquito de vértigo —dije, asustada—. ¿Y un hijo y un perrito no?

—Me gustan más los gatitos, los adoro.

—Ah, vale. Mucho mejor, te lo compro.

Me miró y asintió con sonrisa guasona.

Era maravilloso verla sonreír. Aún me parecía más bella contemplar cómo se ruborizaba elevando la comisura de sus labios para regalar una leve sonrisa. Era de las mejores cosas que te podían pasar en el día. La primera vez que había podido verla así, sonriente, feliz, desde que salí del hospital. Experimenté una especie de pánico escénico al no saber cómo redirigir bien aquella conversación. La duda de si mis palabras iban a recibir aplausos a raudales o miles de tomates me apocaba por dentro el atrevimiento.

—¿Crees que te puedes enamorar dos veces de la misma persona? —le dije, valiente.

—No lo sé, nunca me ha pasado —me dijo, sincera, con los ojos abiertos, más grandes que nunca.

—No tengo ni idea de por qué en mi casa hay tantos espacios y huecos vacíos, pero no veo mejor manera de llenarlos que con tu presencia, tu violín y con una futura familia contigo.

Todos los botes se le cayeron; más bien se le escurrieron de entre las manos. Se quedó paralizada mirándome, con total asombro, helada, miedosa y sin saber qué añadir.

—¿Por qué no me dijiste nada? ¿Nada de nosotras?, ¿de lo nuestro?

Hundida, clavó la mirada en el suelo. Supuse que meditaba una respuesta lo más franca posible.

—Me pareció que… —me dijo con la voz algo apagada—. Me pareció que estabas bien con David, que habíais vuelto y que entre vosotros volvía a funcionar todo, y no quise…, no me pareció correcto entrometerme. Además, que no me confiaras tus problemas de salud lo dice todo, ¿no crees?

Y yo, avergonzada, no dejé ni por un instante de disculparme. Lo negué todo insistentemente, intentando aclarar y suavizar todo aquel malentendido.

Conmovidas y agotadas las dos, nos observamos con lástima, con los ojos cristalinos, como cuando ves a un animalito cachorro herido, sufriendo. Así nos miramos. Sentí pena, pena de nosotras, pena por esta pérdida de tiempo injustificada entre ambas.

—¿Puedo abrazarte? —le dije, casi suplicante.

—Sí, claro —me dijo, rauda.

Y en silencio nos rendimos en un abrazo profundo, largo, lento y sensitivo. Gozamos de ese momento durante unos segundos, con los ojos cerrados y escuchando nuestros corazones, dejando que nuestra respiración lo envolviera todo, como atrapadas en un hechizo.

Mientras disfrutábamos de nuestro abrazo, le dije al oído:

—Quiero pedirte perdón. Perdón por ser tú uno de mis olvidos imperdonables, por hacerte daño, aun sabiendo ahora que no sabía que lo hacía.

Con la lágrima contenida y la respiración algo agitada, oí el lloro encogido de Lucía en mi nuca.

—Pido perdón por las lágrimas que hablan de mí, pido perdón por no haberte hecho partícipe antes de mi dolencia. No

fue por anularte o por no confiar en ti. En verdad, nunca confié en que mi salud ganara la batalla de este problema mío que tanto ha obstaculizado mi propósito de hacer las cosas correctamente y, al intentar evitarte este dolor, solo provoqué distancia y poco acierto por mi parte.

»Ahora que creo haber esquivado a la muerte, que vuelvo a tener un presente y dejo atrás el futuro incierto que me martirizaba, mi problema, mi único problema ahora es saber si en tu corazón solo queda olvido o, por el contrario, si aún ves remedio en lo nuestro. Si deseas retomar, como yo, lo que se quedó entre nosotras a medias.

Lucía no pudo aguantar más tiempo la presión y rompió a llorar con desespero. Necesitó soporte físico y yo aún la abracé con más fuerza. Acaricié su espalda con dulzura, queriendo atenuar su ansiedad.

Ella se fue reponiendo y, cuando ya pudo respirar con más sosiego, me miró de frente y se dirigió a mí:

—No sabes el tiempo que llevo esperando este preciso momento; cuánto lo he rogado y soñado, y cuánto me ha dolido que tú no supieras quién era yo.

No pude evitar manifestar lágrimas amargas deslizándose por mis mejillas al ver los ojos rojos, angustiosos, sin alivio, de Lucía.

Nos miramos, nos perdonamos, nos deseamos y nos dimos un beso hambriento, extenso y vigoroso, haciendo humo al miedo de ruptura y avivando un amor anhelado por ambas.

—Tranquila, tenemos universo de sobra.

Paqui M²

Paqui M² nació en Igualada en enero de 1972. Allí cursó sus estudios de primaria y descubrió su interés por la música y la informática.

Con la música ha mantenido una relación constante. Estudió solfeo, armónicos, guitarra moderna y piano, movida por la necesidad de comprenderla. Melómana confesa, la concibe como parte de la experiencia vital, ligada a recuerdos y momentos significativos. Esa presencia atraviesa su escritura y se refleja de forma consciente en su primera novela.

Aunque su actividad profesional no está relacionada ni con la música ni con la literatura, su afición a la lectura romántica y a la poesía fue el impulso que la llevó a escribir.

Esta novela nace con un componente personal y una clara influencia musical.

Mi problema
de Paqui M²
se publicó en marzo de 2026
y se ha impreso bajo demanda por
Amazon

www.ingramcontent.com/pod-product-compliance
Lightning Source LLC
LaVergne TN
LVHW010702110826
845149LV00014B/3192